RENEWALS 458-4574
DATE DUE
APR 21

WITHDRAWN
UTSA Libraries

Vicente Aleixandre
una aventura hacia el conocimiento

José Olivio Jiménez

Vicente Aleixandre

una aventura hacia el conocimiento

SEVILLA 1998
RENACIMIENTO

A Dionisio Cañas

En contracubierta:
José Olivio Jiménez con Vicente Aleixandre,
al día siguiente de la concesión del Premio Nobel al poeta
(Madrid, 8 de octubre de 1977)

© José Olivio Jiménez © 1998. Editorial Renacimiento

Depósito Legal: Se-1.903-98 ISBN: 84-89371-41-5
Impreso en España Printed in Spain

Library
University of Texas
at San Antonio

Introducción

La trayectoria total de Vicente Aleixandre en su poesía puede ser vista como una aventura progresivamente dirigida, cada vez con mayor voluntariedad y conciencia, hacia el conocimiento. Para apoyar tal intuición, además de la obra misma del poeta, que es lo que en definitiva más ha de contar, no faltan manifestaciones teóricas y críticas de aquél que arrojan pistas esclarecedoras en ese sentido. Así, ya en 1950 escribía: «La pasión del conocimiento (y deberíamos poder añadir: y la de la justicia) está ínsita en el artista completo» (II, 659)[1]. Y en otro sitio posterior de ese mismo texto («Poesía, moral, público»), parecería desglosar lo antes aforísticamente expresado: «Fuente de amor, fuente de conocimiento, fuente de descubrimiento; fuente de verdad, fuente de consuelo; fuente de esperanza, fuente de sed, fuente de vida. Si alguna vez la Poesía no es eso, no es nada» (II, 666).

Es ésta una declaración en la que conviene detenerse. Y observaremos en ella cómo Aleixandre, para sugerir el vasto alcance a que ha de aspirar la poesía, organiza dos series paralelas de nociones. Una, presidida por el objetivo del conocimiento, con los sucedáneos o enmascaramientos metafóricos que lo implican: descubrimiento, iluminación, verdad; y otra, regida por el propósito de expresar la existencia del hombre y las tensiones emocionales inmediatas que a ésta acompañan: amor, consuelo, esperanza, sed. Y al cabo de ambas series, vendrá a confundirlas en un solo y últi-

1. Salvo indicación en contrario, las citas de Vicente Aleixandre proceden de sus *Obras completas*, 2ª ed., 2 vols. (Madrid: Aguilar, 1977). Se indica en caracteres romanos el número del volumen, y en arábigos el de las páginas correspondientes.

mo acorde: la vida. Más escuetamente las volverá a reunir e identificar en un poema de esos mismos años («La oscuridad», de *Historia del corazón*) donde encontramos ya esta sentencia definitoria: *Conocer, penetrar, indagar: una pasión que dura lo que la vida* (I, 727). Y siempre, para aludir a esa función en principio intelectiva del *conocimiento*, acerca a este término, caldeándolo de alta temperatura cordial, la palabra de mayor temblor humano posible: *pasión*.

Esta potencialidad de la poesía como una actividad hacia el conocimiento puede ser comprendida, por lo menos, bajo dos módulos suficientemente diferenciados aunque no lógicamente dispares. El primero de ellos, amplio y general, lo será esa disposición, válida para *toda* auténtica poesía, por la cual ésta se ejecuta como una función de índole cognoscitiva. Así describe Ramón Xirau esta actitud: «Conocer significa aquí (...) *penetrar*, es decir: *intuir;* significa también dirigirse a obtener una imagen del mundo, un cierto sentido de la vida, un conocer que, fundado en la emoción, es también una visión del universo y acaso una metafísica»[2]. De otro modo: convenimos en que el poeta explora siempre un trozo de realidad —interior u objetiva, vivida o imaginada— y, mediante ese «método mágico» que ya los verdaderos románticos practicaban, logrará, al conjuro de las propiedades secretas de las palabras, y de la organización privativamente poética de éstas en imágenes y ritmos, descubrir —en la dimensión de conocer— el sentido esencial y último del fragmento de realidad, y aun de la visión de la realidad total, sobre lo que se ha erguido el poema.

Pero hay otro modo, el segundo de los anunciados, de asumir la noción del conocimiento por el poeta. Aquí éste, acercándose a la tarea de su «hermano gemelo», el filósofo (así los veía Unamuno), intentará someter a examen poético —por ello intuitivo y libre, incluso hasta la contradicción— el problema mismo del

2. XIRAU: *Poesía y conocimiento* (México: Cuadernos de Joaquín Mortiz, 1978), p. 137.

conocer, las vías de su adquisición, la validez de sus conquistas. Se está así ante un módulo más específico de encarar la actividad poético-cognoscitiva a que puede arriesgarse el creador de palabras. Pues si toda gran poesía es una aspiración a la verdad profunda, no todos los poetas se han propuesto vigilar e iluminar, con cierta objetividad y desde el verso mismo, los procedimientos y el resultado de esa aspiración. Y éste es el caso de Vicente Aleixandre, quien además de haber sido siempre fiel a aquel entendimiento de la poesía como ejercicio de conocimiento ha llegado, en el tramo último de su obra, a hacer de este riguroso problema —el del conocimiento— uno de los temas centrales y orgánicos de su quehacer literario.

Aleixandre, poeta «cósmico». Sí, pero sólo, en el alcance justo de esta valoración, el primer Aleixandre: el de esa zona grandiosa y abisal que, avisada desde *Ambito* (1928) y advertida en *Pasión de la tierra* (1928-29), culmina en *Espadas como labios* (1930-31) y *La destrucción o el amor* (1932-33) —y se hace incluso sentir en *Mundo a solas* (1934-36) y en *Nacimiento último* (publicado en 1953). Un poeta que, desde su proyección amorosa a la elementalidad y lo natural, podía intuir en la identificación cósmica y en la comunión pánica una vía de acceso al conocimiento absoluto y total. Y después, aflorando en *Sombra del paraíso* (1944) —aunque sólo parcialmente aquí, como ya se dirá— tendríamos a otro, y el mismo, Aleixandre: vocado ahora al encuentro con la realidad del hombre en su historia, en el tiempo. Es decir: a un poeta que verá entonces en el reconocimiento con ese hombre histórico y, por consecuencia, en la solidaria comunicación inter-humana, el modo más viable y satisfactorio de conocimiento propio —actitud que se consumará, cada vez con mayor concreción en *Historia del corazón* (1954), *En un vasto dominio* (1962) y *Retratos con nombre* (1965).

Mas en un momento de esa trayectoria que se va a describiendo —aquél de su sólida madurez que ya incide en la ancianidad—

Aleixandre se volverá, en gesto poco usual, hacia el cuestionamiento poético, lúcido e implacable, de lo que parecería tener casi cumplido: su vida, la vida. Y no para recontarla anecdóticamente, con melancolía o amargura, sino para indagar —con esa capacidad de desvelamiento esencializador que los años otorgan al hombre sabio— en lo que la ciencia del vivir le haya sido, y en general sea. Conocer, haber continuadamente conocido, y luego contemplar este conocimiento trascendido en sabiduría: he aquí el objetivo que guiará la labor última de Aleixandre. *Poemas de la consumación (1968) y Diálogos del conocimiento* (1974) no son únicamente dos libros más del poeta, sino la culminación, cima y plenitud de una obra que en ellos ha venido fatalmente a refractarse, y que darán a aquella obra su sentido cabal y definitivo.

Esos dos libros —frente a los cuales la imagen excluyente del poeta «cósmico» actúa sólo como etiqueta crítica parcial y enturbiadora— arrojan una intensa luz retrospectiva sobre el total trabajo aleixandrino anterior. Y esta luz nos permitirá divisar y seguir ese largo ejercicio poético de tantos años —medio siglo— como lo que ya desde un principio se advirtió: una aventura, cada vez más creciente y rigurosa en tanto que tal, hacia el conocimiento. Y éste es el propósito ceñido de nuestro estudio: recorrer la órbita del poeta como la concreción sucesiva de ese eje rector por el que aquél ha ido aproximando su palabra al rango de un instrumento de intencionalidad poéticamente cognoscitiva.

Nos será dispensable, por lo tanto, al acercarnos a las numerosas entregas de Aleixandre, volver otra vez, de modo exhaustivo, a lo que aquéllas en su individualidad representan y aportan. Debido a ello, referencias situacionales, temáticas y estilísticas, respecto a esas entregas, quedarán en lo general eludidas (salvo cuando alguna observación en tal sentido nos sea absolutamente necesaria), puesto que toda esa minuciosa faena ha sido perfectamente cumplida por la abundante crítica con que hoy contamos sobre esta poesía. Tampoco —y resulta importante insistir en ello— se propone aquí una nueva lectura netamente filosófica de esa obra. Si en algún momento esto pareciera ocurrir, se deberá a que la sustancia misma, de índole (líricamente) epistemológica en la vertiente de Aleixandre que aquí se explora, haga inevitables alusiones de ese carácter.

Ya Darío Puccini, al recoger el testimonio de algunos críticos que se resisten a un acercamiento «filosófico» a nuestro poeta, sugería, como no impracticable, el ensayo de un discurso crítico que tenga en cuenta «la relación bastante mediata entre conocimiento y arte en un determinado estadio del pensamiento operante»[3]. No por «mediata», esa relación deja de ser esencial y conformadora de los sucesivos modos poéticos generales de Aleixandre en cuanto a la asunción del problema del conocimiento a lo largo de su labor creadora. Y a tratar de demostrarlo, van encaminadas las siguientes páginas.

3. Puccini: *La palabra poética de Vicente Aleixandre*, trad. de Elsa Ventosa (Barcelona: Ariel, 1979), p. 75.

Capítulo I
Los modos generales del conocimiento en la poesía de Vicente Aleixandre

Hasta un cierto momento de su obra, cuando Aleixandre habla de *conocer* y de *conocimiento*, en su poesía misma y en su prosa ocasional, es legítimo pensar que por tal se refiere al medio del conocimiento que como poeta le es propio: el emprendido por la palabra intuitiva, *subjetiva*, y desde la emoción intransferiblemente personal, en un intento por penetrar e iluminar el sentido de su propia experiencia vital que ha de convertirse en materia poética. Pero no es menos evidente la nada secreta aspiración de Aleixandre por arribar —y esto con cada vez mayor conciencia— a alguna suerte de conocimiento *objetivo*, y por tanto de validez intersubjetiva, comunitaria y servicial. Y es que, al efecto, no debe olvidarse otro de sus axiomas más cálidos: «Servir: la única libertad de la poesía» (II, 661).

A la luz de esta tensión entre *subjetividad* (con la precipitación dentro de ésta, en Aleixandre, incluso hacia lo surreal y onírico) y *objetividad* (conciencia del yo en su relación con el otro, sentido inminente de las *presencias*, meditación lúcida sobre esas realidades), cabe comenzar —aunque como vía de entrada todavía general a nuestro examen— contemplando, en sus diapasones tonales mayores, la trayectoria total de la palabra poética aleixandrina. Y veremos cómo ésta, en su conjunto, describe un arco que va desde —hacia los años que se configuran en torno a *La destrucción o el amor*— una exultante sensorialidad pánica, de alto temple emocional y de lenguaje permeadamente irracional y aun oscuro y hermético (donde el «pensamiento» estricto pareciera como difuso y resistido a todo empeño de nítida demarcación racional) hasta una concreción más inmediata de la otredad humana e histórica y una creciente clarificación de los medios expresivos (su poesía central). Y por este camino se llegará finalmente a un verso de ya más explícita intencionalidad reflexiva y de palabra conceptualizadamente lógica —o alógica— de sus libros últimos.

Sobre la comprensión de estos tramos tensos de esa trayectoria, así sucintamente definidos, sería factible aplicarle a Aleixandre, entre los posibles métodos de seguir y describir el proceso cognoscitivo, el tal vez más sencillo o elemental de esos métodos. Se le vería partir, pues, de los datos inmediatos que a los sentidos entrega la realidad física y, después, de los otros datos —genéricamente *históricos*— que la participación comunal en la colectividad humana le ofrece con no menor urgencia, hasta concluir reelaborando o trasmutando todos esos datos en nociones trascendidas de conciencia. Este último paso se rubricará en su poesía final, donde esas nociones aparecerán incluso cuestionadas —y negadas— desde la palabra misma a través de la cual aquéllas buscan precisamente ser expresadas. De la aprehensión, entonces, a la posesión —y de ésta, simultáneamente—, a su más riguroso examen poético-intelectivo

En el cuerpo de este libro nos acercaremos primero a lo que en rigor podría tomarse aún como los umbrales o vísperas de Vicente Aleixandre en su aventura hacia el conocimiento; esto es, a sus colecciones iniciales: *Ambito* y *Pasión de la tierra*. Y ya desde ese momento, nuestro recorrido cruzará los tres grandes ciclos o etapas de la poesía aleixandrina, tan conocidos que no resulta necesario demorarse ahora en su descripción. Mas sí será imperioso separar esas etapas y, sobre todo, «rotularlas» de una manera derechamente idónea a los fines de este estudio, para que comience ya a cobrar cuerpo el esquema que de aquí pueda surgir.

En el primero de esos ciclos, de signo cósmico e irracionalista, al poeta se le siente sostenido sobre un impulso que, por ahora, designaremos de modo escueto como de *comunión*. El segundo, de proyección realista e historicista, aparecerá dominado con mayor energía que nunca por el tan característico empeño aleixandrino de *comunicación*. Y el tercero, de impregnación gnoseológica y metafísica, e integrado por sus dos cuadernos últimos, se revela como dirigido, con muy intensa decisión, por la insoslayable y ya muy definida voluntad del *conocimiento*.

Comunión, comunicación, conocimiento. Hay que aclarar en seguida el sentido de estas rotulaciones básicas, hasta aquí enunciadas de manera harto elíptica. Y al hacerlo, habrá de apuntarse de paso tanto su casi biológica vinculación con la órbita vital del poeta como su relación con el ya específico problema o interés del conocimiento. Y se impone proceder de este modo diacrónico porque si bien esa pasión o designio de conocimiento se apodera mayoritariamente de su poesía más cercana —o al menos aquí se define como tal—, conoce también de anteriores y continuados afloramientos en las dos estaciones previamente aludidas. Y todas esas estaciones, las tres, y los consecuentes modos de entender y perseguir el conocimiento en cada una de ellas, emergen, por naturalísima manera, desde los estadios de la vida del poeta con los cuales cronológicamente se corresponden —y de lo que de esos estadios, vitalmente, sea factible aguardar. Ese itinerario y tal correspondencia podrían sintetizarse del modo en que a continuación se procede.

1. Innecesariedad, primero, de la formulación, como tal formulación, de esa voluntad, la del conocimiento, pues se está inmerso aún en una actividad que es superior y más rica que cualquier proclamación. Se lo está viviendo, se está tanteando totalmente (oscuramente) el conocimiento —no la sabiduría— en tanto que aprehensión de la realidad por los sentidos: etapa sensorial y apasionada de la juventud, y de *comunión con aquello* —el reino prima-

rio de la materia, del mundo natural— cuya vivencia identificativa parecería ser suficiente al hombre que vive y al poeta que escribe.

2. Sugestión después, ya hacia la entrada en la madurez de que al ser humano no le es bastante cumplirse en la disolución del yo dentro de esa realidad otra que es el universo material, el cosmos físico. Concienciación, por ello, de que el otro, lo otro, requiere de más inmediatas concreciones: es ese yo urgido al mismo tiempo del otro humanamente encarnado y también, como él, históricamente situado. Conocer será ahora conocerse mediante el cálido reconocimiento en los demás: etapa de la *comunicación*, superación humilde del vigoroso panteísmo vitalista anterior, y aceptación amorosa y necesaria del prójimo.

3. Y, por fin, ya ganadas esas dos formas radicales y complementarias de identificación —con la materia, con el hombre—, apuntará, soberana, la duda epistemológica: ¿Se los ha conocido en verdad? ¿Me he conocido al conocerlos? Y si he logrado ese conocimiento, y lo tengo ya sustanciado en saber, ¿qué valor puedo concederle a esta sabiduría? Es la única inquietud vital, lindante ya con el más febril desasosiego, que da sentido a la por otra parte tan rica como letal serenidad de la vejez. Agotada la sorpresa que es el vivir, resta sólo meditar en lo que su ciencia sea: etapa ya regida de modo urgente por el examen del *conocimiento*, cuando sólo el inquirir sobre el conocimiento y la sabiduría como algo que ciertamente no se resuelve en cómodo quietismo, será aún signo tangible de vida.

No será inútil un nuevo y más apretado resumen. Tendríamos así, inicialmente, *comunión*, en su alcance casi sacramental de participación común, en una realidad material y trascendente a la vez, y de fusión y confusión con esa realidad: acto que es en sí mismo misterio y *conocimiento total* que jubilosamente me borra, por lo cual toda especulación razonante sale sobrando. *Comunicación*, más tarde, como medio de intercambiar con los otros hombres alguna solidaria verdad que no me anule y me permita el conocimiento de mi facticidad humana mediante el *reconocimiento* en esos otros. Y, por último, el *conocimiento* mismo como objetivo específico de la sola actividad ya posible: ardua intelección, pues, sobre el proceso cognoscitivo sustentante que ha acompañado al vivir.

Y de estas reducciones generales, puramente teóricas hasta el momento, habrá de accederse ahora, ya más paso a paso, a sus constataciones directas en la obra y el pensamiento poético de Aleixandre.

Capítulo II
Los inicios de la aventura

Hoy se va ya viendo, con exactitud y justicia, la íntima conexión o prefiguración que *Ambito*, el libro auroral de Vicente Aleixandre, vendría a tener con algunos de los rasgos fundamentales de su visión del mundo —construida, en su primera zona, desde una profunda atracción hacia el mundo de la materia y lo elemental, y sobre el sentido de la identidad esencial del hombre con ese mismo mundo[1]. Al definirse esta zona de su obra, se irá haciendo notoria dentro de ella, como se anticipó, que en la identificación o comunión amorosa con la realidad natural, el poeta veía —intuía o sentía, si bien no racionalizaba aún explícitamente la cuestión— el único modo para el hombre de arribar a alguna suerte de conocimiento total.

Pues bien: ya en *Ambito*, y en su calidad de precedente inmediato de esa poesía cósmica y totalizadora, Guillermo Carnero, en su artículo citado, ha señalado y comentado tres poemas («Niñez», «Forma» y «Campo»), donde son precisamente ciertas realidades de las más elementales del mundo —la arena, o la plenitud de una mañana campestre— quienes permiten al hombre el reconocimiento de sí a través de la Naturaleza. En «Campo» se consigna paradigmáticamente esa actitud casi intelectual —mental, al menos— de quien espera le quede desvelado —*definido*— el sentido unitario y último de la múltiple y diversificada exten-

1. Del tema se ha ocupado Guillermo Carnero en su artículo «*Ambito* (1928): razones de una continuidad», *Cuadernos hispanoamericanos*, núms. 352-353-354 (oct., nov., dic., 1979), pp. 384-393; y también ha sido tratado por Pere Gimferrer en su «Prólogo» a la *Antología* total de Vicente Aleixandre (Barcelona: Seix Barral, 1975), pp. 8-12.

sión natural a que se enfrenta: *Definición que aguardo / de todo lo disperso* (I, 137).

Otro texto, «Integra», merece también atención. La pieza comienza perfilando el instante cenital del conocimiento en el primer Aleixandre: aquél en que se logra la ansiada deslimitación humana, que será uno de los grandes temas de *La destrucción o el amor.* Dicen los versos: *¿Qué hora es? La de sentirse / aislado, roto el recinto /—límites—, sobre la frente / suelta de los celajes* (I, 143). Pero ese aislamiento no comporta incomunicación sino fusión con la realidad física de la creación, encarnada aquí en el *tacto duro* de la noche circundante. Esa fusión, esa integración del hombre y la noche, implicada en la imagen de la destrucción y el desplome de todo lo que separa, deviene claro indicio —*signo*— de que, desde ese cataclismo de las fronteras cósmicas, alguna firmeza se ha alzado en la propia definición: *(Y se derrumban cristales / mudos, verticales. Signo. / Y se levantan fulgentes / cielos, del hondo, firmísimos).* Es alertador que en *Ambito* —libro todavía de acceso a los grandes motivos aleixandrinos— ese instante de la plenitud vaya aún colocado, como insinuación o prenuncio, entre paréntesis. Con el tiempo, el poeta dará a esos momentos de intensidad el mayor despliegue, haciéndolos centrar todo el desarrollo poemático.

Esa valoración positiva de la deslimitación, o de la absoluta desnudez, sólo conseguibles en la muerte, se aprieta, aún más ejemplarmente, en las estrofillas últimas del poema oblicuamente titulado «Juventud». Es allí, en esa instancia, donde el hombre alcanzará la alegría suprema del conocimiento: la sucesión de verbos de caída y cierre, y además en pasivo, dibujan aquí el anti-clímax —o el verdadero clímax— del proceso de la vida. El hablante poemático —un hombre joven— se refiere a su cuerpo:

Se le caerán un día
límites. ¡Qué divina

desnudez! Peregrina
luz. ¡Alegría, alegría!

Pero estarán cerrados
los ojos. Derribados
paredones. Al raso,
luceros clausurados. (I., 117)

Gustavo Correa ha observado cómo el tránsito de la noche al alba opera como esquema estructural en muchos poemas de *Ambito*, siempre con «una significación que se relaciona con el proceso de la creación del poema en el fondo mismo de la conciencia»[2]. Es decir: ese tránsito equivale al del alumbramiento del conocimiento poético, tras la clausura de posibilidades que en tal sentido supone la noche. De las varias composiciones donde actúa ese mecanismo o esquema, el mejor momento tal vez se ofrezca en el final de la titulada «Posesión». Aquí ese «aspiración a la luz», con la que el propio Aleixandre ha calificado el sentido axial de su trayectoria, pareciera alcanzar una primera plasmación vivísima, preñada de antelaciones y significaciones: *La noche en mí. Yo la noche. / Mis ojos ardiendo. Tenue / sobre mi lengua naciente / un sabor a alba creciente* (I, 172). Lo que de la noche se espera, pues en verdad no se la rechaza, es la purificación o apertura hacia la luz del lenguaje: ese *sabor a alba creciente*, por el que el conocimiento —a través de la palabra que en la lengua nace— se hará tangible y expresable.

Son muchos los poemas de *Ambito* cuyo ambiente es el de la noche total o cerrada. Pues aún en ellos, a poco que la lectura discurra se descubre un temblor inquieto hacia la luz: de estrellas o luceros, de la luna, o la ya promesa de diurna plenitud que se adensa en el alba. Así, si «Riña» despliega el combate de la noche

2. CORREA: «Conciencia poética y clarividencia», *Cuadernos Hispanoamericanos* (núm. citado en la nota anterior), p. 42.

con la luna, con el casi triunfo de ésta sobre aquélla, la lid aquí recreada concluirá con la llamada acuciante a quien será, en verdad, la absoluta vencedora: *Los cielos ruedan serenos. / Rueda la luna brillante. / ¡Que el alba venga de prisa / y por sorpresa la mate!* (102). Lo mismo sucede en el poema de mayor ambición cósmica del libro, «Mar y noche», que anticipa ya los cuadros de magnífica naturaleza abierta de *La destrucción o el amor.* Allí la enorme fábrica del mar se alza, voraz y estremecida, pidiendo anhelante la noche; pero al final lo que se nos sugiere es el destino inexorable de ésta, la noche, en su camino hacia la hora del alba, que ya contiene el sostén suave del día: *Mientras la noche rueda / en paz, graciosa, bella, / en ligado desliz, sin rayar nada / el espacio, capaz de órbita y comba / firmes, hasta hundirse en la dulce / claridad ya lechosa, / mullida grama donde / cesar...* (I, 132). Extráigase de toda esta simbología sus significaciones últimas. Al ser la luz quien desteje y rompe el ámbito de la noche, se erige en correlato simbólico de la quiebra del no-ser y el no-saber, en aquel ámbito implicados, posibilitando así tanto la definición ontológica, como el conocimiento. Y al surgimiento de la luz ha de corresponder, por modo respectivo, el nacimiento de la palabra o de la voz, que impulsará a la lengua a su noble ejercicio de decir (... y de callar).

Ya los románticos supieron que si bien la Noche se erige como símbolo de la previa aniquilación del mundo sensible que es necesaria para el verdadero conocimiento interior, el deber del poeta es el de volver a la realidad, enriquecido ya con los hallazgos allí encontrados. El proceso ha sido magistralmente descrito por Albert Béguin, cuando explica que el más positivo descubrimiento de esa inmersión —en la sombra y el sueño— es el que depara el retorno desde esos fondos, sellado entonces por el asombro, hacia la siempre renovada realidad de las cosas[3]. Aleixandre ha acerta-

---

3 BÉGUIN: *El alma romántica y el sueño*, trad. de Mario Monteforte Toledo, revisada por Antonio y Margit Alatorre (México: Fondo de Cultura Económica, 1978), pp. 482-483.

do a expresar, en *Ambito*, ese regreso, también marcado por la sorpresa, desde la noche hasta el reencuentro con el nítido perfil de las cosas, ahora recortadas y casi como nuevas sobre una luz mañanera y diamantina: «En el alba» comienza así: *Hallazgo en las sombras: / luz de la mañana / entre las riberas / de la noche. Baja / y la encontrarás / entre guijas francas, / dando luz al sesgo / sobre la montaña / de perfil...* (I, 148).

Si *Sombra del paraíso*, muchos años después, inundará la plenitud poética de Aleixandre con vastos desbordamientos luminosos, *Ambito* se sitúa ya, con derechos propios, en ese nada balbuciente gesto de un alba que irrumpe a hablar desde el hondón de la noche. Y este amor impaciente de la aurora trae, en consecuencia, el triunfo de un principio objetivo de orden y concreción. De otro modo: supone un conjuro contra la peligrosa permisividad de que la conciencia quede nocturnamente pulverizada en el caos, la dispersión, la inacción y el desconocimiento. La voluntad de la luz —y del orden— es, por el poeta, una decisión ética, pues comporta exigirse sus compromisos con la verdad y la realidad. Si la obra de Aleixandre se sostendrá después sobre un noble eticismo, esa decisión íntima está insinuada desde *Ambito*, si bien todavía con un cierto aura diríase que premetafísico por cuanto implica una demanda de armonización y rigor universales. Un fragmento de «Mar y aurora» será suficientemente esclarecedor:

La luz venga del hondo
rota en cristales de agua,
destellos de clamores
disueltos —no: resueltos—
sin torpe algarabía.
Surta en abiertas miras
con orden y se adueñe
del esqueleto oscuro
del aire y lo desarme,

y limpio espacio brille
—sometido a su dueño—,
lento, diario, culto
bebedor de las ondas. (I, 130)

También el poema «Alba» invocará el *secreto orden* y las *normas* que la llegada de la luz instaura sobre la Creación. Porque si es cierto que el impulso deslimitador, o de destrucción aniquiladora, dará una de las claves mayores de la poesía de Aleixandre, parecería como si no se hubiese reparado suficientemente en que, contiguo a ese afán, está también, y desde un principio, un ansia paralela de afirmación y definición —y en que tal contrapunto concede a la lírica aleixandrina su mayor grandeza y dramática complejidad. Por ello, cuando la específica necesidad del conocimiento adviene en sus poemas, con lo que esto implica de urgencia hacia la claridad y el orden consecuentes, son entonces imágenes de luminosidad, nitidez y concreción las que darán imperiosamente cuerpo verbal a esa necesidad.

Esto último ocurre, señaladamente, dentro de *Ambito*, cuando el poeta se asoma, por modo directo, al proceso del conocimiento. Pudiera en general describirse a éste, y algo de ello quedó ya adelantado, como el paso, el *continuum*, de los datos de la realidad percibidos por los sentidos, a la plasmación de aquéllos en el pensamiento o la idea, y de éstos a su formulación en lenguaje o palabra. Dos textos de este libro tratan de seguir ese proceso, y son los titulados «Idea» y «Retrato». El segundo de dichos tránsitos, escuetamente indicados, es el solo que queda reproducido en «Idea»: del pensamiento a la palabra. Aquí la *idea*, protagonista de la pieza, aparece representada en la figuración de una *nave secreta*, submarina, que rasga violentamente el mar, hacia afuera, emergiendo (sobre la frente, sobre la onda) *inflamada de marcha, / de ciencia, de victoria*. Es, ya, el alzamiento del conocimiento sobre la masa de lo informe y caótico, aquí visualizado en la sugestión de los ocultos fondos marinos. Y esa nave irrumpe cargada de *ciencia:* del mismo modo nominativo como algunas veces se designará al conocimiento, desde *En un vasto dominio*, en la poesía última de Aleixandre. Pero el viaje trazado —de la idea hasta la frente, de la nave hasta la superficie del mar— conocerá un paso más, y decisivo: *Hasta el confín externo —lengua—, / cuchilla que la exime / de su marina entraña, / y del total paisaje, profundo y retrasado, / la desgarra* (I, 85). La lengua —el órgano de la voz y la palabra— es quien redime a la idea de sus amorfas adherencias estorbosas, y la dota de la más pulcra rotundidad.

Sin embargo, el proceso referido (de los sentidos al pensamiento, y de éste a la palabra) alcanza su más completo perfilamiento, en sus dos pasos sucesivos —o simultáneos— en la otra composición mencionada, que conviene repasar en su totalidad:

RETRATO

A *R. S.*

Este muchacho ha visto
la esencia de las cosas,
una tarde, entre sus manos,
concretarse.
Presión de aquellos dedos
enrojecidos, de diamante,
al apretar la blanda
ilusión de materia.
Hay en su yema sangre
y linfa de un camino
secreto que se abre
arriba, en la alta torre,
abierto a libre aire.

Sus ojos copian tierra
y viento y agua, que devuelven,
precisos, campo al reflejarse.

Su lengua —sal y carne—
dice y calla.
La frase se dilata,
en ámbito se expande
y cierra ya el sentido, allá en lo alto
—terraza de su frente—,
sobre el vivaz paisaje. (I, 96)

La explicitud no puede ser mayor. Desde la concreción a través de los sentidos (dedos que aprietan la blanda materia) se inicia el *camino secreto* que culmina en la idea o el pensamiento, hasta aflorar arriba (en la alta torre o terraza de la frente), y se resolverá otra vez, espesándolos, en la lengua. Pero esa lengua —y esto es lo importante ahora— *dice y calla...* Se inicia aquí, y muy tempranamente, la enmarañada dialéctica entre el decir y el callar, entre la elocuencia y el silencio, que vertebrará, en una de sus vertientes, el voluntario alud de contradicciones que espera al lector en *Poemas de la consumación* y *Diálogos del conocimiento*. La lengua dice y, al callar, sugiere: no es otro el silencio a que puede aspirar el poeta. Esa sugerencia, potencialmente tan rica como la virtual comunicatividad del lenguaje, está en la almendra misma de la palabra: es su tesoro mayor. No se trata de un equivalente absoluto, aunque como experiencia se le aproxima, del silencio purgativo del místico —ausencia de imágenes, negación total—, sino el que es privativo de la poesía: un silencio que, y no paradójicamente, es ya elocuencia en sí[4].

Desde *Ambito* se adelantan, así, ese decir y ese callar inextri-

4. Véase Ramón Xirau: *Palabra y silencio* (México: *Siglo XXI* Editores, 1971), pp. 146-147.

cables, ese silencio cargado de sugerencia de que se alimentarán, en una de sus vetas temáticas, los dos volúmenes últimos del autor. En «Conocimiento de Rubén Darío», de *Poemas de la consumación,* sostendrá, cuarenta años después, que *quien calla está hablando,* y la intuición, bajo otras versiones, se repetirá en varios sitios de esos mismos libros. El protagonista poemático de este «Retrato» practicaba ya esa interior dialéctica, que es la de todo hombre y, esencialmente, la de todo poeta. No es ésta la menor de las aperturas que estas vísperas contenidas en *Ambito* deparan, cara a la obra naciente —y futura— de Vicente Aleixandre.

Con todo, *Ambito* es el libro de la lucidez. Y si quien lo escribió ha concebido siempre el conocimiento bajo especie de pasión, era natural que el poeta de la totalidad, que iba definiéndose en él, necesitase de una violenta ruptura respecto a aquellas normas iniciales de contención temática y decantación expresiva que en cierto modo dominaban aún su primera entrega. Por ese afán totalizador, habría de imponérsele a Aleixandre la volición de un camino más directo hacia el conocimiento, en impulso hacia el cual participasen no sólo los poderes de la conciencia en vilo, sino aquellas otras zonas subterráneas del ser, más tenebrosas y desconocidas, pero no menos reales. De este impulso, así en su integridad asumido, nació *Pasión de la tierra.*

Este libro ha sido visto por Luis Antonio de Villena como un buceo o incursión en las zonas más abisales del ser, pero entendido éste dentro de la naturaleza envolvente y sustentante[5]. Tal buceo, porque así lo exigía la evolución personal del poeta y lo propiciaba el signo estético —de índole irracionalista— de los tiempos, se resolvió mediante una escritura riesgosa, extremada y difícil, que por modo literal se condicionaba expresivamente al magma

5. VILLENA: Estudio preliminar a su edición crítica de *Pasión de la tierra* (Madrid: Narcea, S. A. de Ediciones, 1976), p. 75 *et passim.* Todas las citas de este libro proceden de dicha edición, y a ella refieren los números de página que les acompañan.

en ebullición, caótico y primigenio, que en esas mismas regiones abismales conforman al ser.

Esta alusión a la «dificultad» que, desde la escritura, opone *Pasión de la tierra* viene obligada porque, a la hora de seguir unitariamente alguno de sus hilos temáticos conductores (en este caso, el motivo del conocimiento), es presumible que las racionalizaciones y exégesis se hagan aquí menos precisas, y más correlativamente arduas. Como no sea que esta misma complejidad de la dicción, hecha de una muy alta densidad de sugestiones oníricas, se tome como la más adecuada metáfora expresiva de ese primer descenso a los infiernos que impone cualquier apetencia a aquel conocimiento absoluto y totalizador de que antes se hablaba. Rebasada la cuesta abajo de alucinaciones y violencias que a tal vertiginoso descenso habría de acompañar, el poeta habría de quedar apto —y así sucedió en su trayectoria posterior— para orientar progresivamente sus exploraciones líricas por cauces cada vez más ordenados, más serenos, más clarificados y clarificadores.

Sin embargo, *Pasión de la tierra* no es, dentro de su característica y fulgurante irradiación y fragmentarismo verbales, un libro donde el delirio domine y borre totalmente al yo de la conciencia que quiere conocer, y conocerse. Por el contrario. y ya acercándonos a nuestra preocupación central, este tema —el de la definición y afirmación del yo— es tal vez uno de los pocos que en el conjunto se ganan una más continuada y tensa ilación. Ya en una de las primeras composiciones, «Lino en el soplo», aparece la martilleante interrogación: *¿Qué soy* yo? (106). Las respuestas, al principio, son titubeantes. Estas dos, muy contiguas, parecieran corporizar tal titubeo dentro de esa misma pieza: *Después de todo, yo no soy más que una evidencia;* y poco después: *Soy, simplemente, una vacilación en la trama.* Pero ya en el texto siguiente, y en contestación a la misma pregunta, se avanza algo más hacia la certidumbre: *Soy lo que soy: Mi nombre escondido* («Vida», 110). Es decir: algo que se define ya por su positividad, el nombre, si bien bajo especie aún de ocultamiento. Y finalmente, en uno de los últimos textos, «Del engaño y renuncia», el yo avanza con una clara señal luminosa que se acopla idóneamente al sentido direccional básico —hacia la luz— con que Aleixandre ha querido contemplar siempre el movimiento de su poesía.

Por ello, antes de enfrentarnos con ese signo luminoso anunciado, referido al *¿Qué soy yo?* y al *Yo soy...* que recorren *Pasión de la tierra,* habráse de recordar algunas afirmaciones del propio autor respecto a este libro. De él ha escrito: «Allí está, pues, como en un plasma (aparte el valor sustantivo que el libro pueda poseer) toda mi poesía implícita. Esta es un camino hacia la luz, un largo esfuerzo hacia ella. Sólo mucho después yo he descubierto la claridad y el espacio celeste. Pero desde la turbiedad de las grandes grietas terráqueas estaba presentida *la coherencia del total mundo poético*» (II, 528) (el subrayado es nuestro). Volviendo ahora a la instancia advertida, y que se reproducirá en seguida, observemos en ella la asunción simultánea de la fragmentación y ruptura que caracteriza el estadio vital y poético atravesado, y de la abertura hacia la claridad reconfortante que desde entonces se adivina y anhela. Esta es la cita textual: *Soy, sí, la esperanza de luz en mi ser, como el caballo que levanta entre sus cascos el camino roto en fragmentos que ya no podrán encontrarse* (177). No hay ya, para definir copulativamente al yo, ni vacilación ni ocultamiento; confianza, más bien, en la gestación —la esperanza— de esa luz que, como escondida entre los pedazos de la continuadamente rota existencia, lleva también el ser. El camino hacia aquélla, la luz, estaba ya intuido, y expresado.

Porque aparte de las grandes diferencias estilísticas, *Pasión de la tierra* comparte con *Ambito,* desde la voluntad de su entonces joven autor, ese casi secreto sentido que aquél pareciera haberles querido dar a ambos volúmenes como pórticos hacia toda su obra germinante. Ello se hace muy sensible cuando nos topamos otra vez con el motivo del silencio. Y es que éste, el silencio, ahora en

Pasión... y aún más que en el cuaderno anterior, se le presentará al poeta como un gran espacio abierto y enriquecido ya por una médula de futuro que sin desvíos conducirá al conocimiento y la palabra. No será, así, un equivalente o sucedáneo de la nada o la desposesión: *En los bolsillos vacíos no pretendáis encontrar un silencio* («Del color de la nada», 147). Y en la pieza así ya expresivamente titulada, «El silencio», se dirigirá a hacer surgir de éste una segura promesa de la palabra, la luz y el verdadero nacimiento del ser. Allí se lee:

> Acabaré pronunciando unas palabras relucientes. Acabaré destellando entre los dientes tu muerte prometida, tu marmórea memoria, tu torso derribado, mientras me elevo con mi sueño hasta el amanecer radiante, hasta la certidumbre germinante que me cosquillea en los ojos, entre los párpados, prometiéndoos a todos un mundo iluminado en cuanto yo me despierte (132).

Instalado, pues, en el silencio, lo que desde él habrá de aguardarse no será sino el encuentro, lleno ya de *certidumbre*, con el verbo y la realidad —el hallazgo de *unas palabras relucientes* y de *un mundo iluminado*—, lo cual no comporta sino el encuentro también con lo más hondo y pleno de sí mismo. Otra vez el silencio, no como sinónimo de vacío, sino como anuncio y semilla de la más rica plenitud verbal, la palabra, que podrá ya sólo ser referida al corazón —el órgano central, vital y poéticamente, del hombre. Ya esto último, y a través de esa misma palabra febrilmente acechada, en «El crimen o imposible»: *Echado aquí por tierra, lo mismo que ese silencio que nadie está notando, yo espío la palabra que circula, la que yo sé que un día tomará la forma de mi corazón* (153).

Y hay en *Pasión de la tierra*, ya por este camino, una composición extremadamente significativa: «La forma y no el infinito».

De nuevo, la dialéctica entre la infinitud y deslimitación hacia donde el espíritu en un primer impulso tiende, y el contrapunto que frente a ello implica la voluntad de forma y concreción que el poeta reclama con análoga insistencia. Aquí resuenan los dos esquemas estructurales que vimos repetidamente en *Ambito, y* en un nivel semántico muy cercano. De un lado, la noche abocada a la aurora, mullida y sustentante; y hacia el final (del fragmento que se transcribirá), el diálogo entre la palabra dicha y la palabra callada —en este caso, de la palabra a punto de extinción—, a borde otra vez del silencio mismo de donde ha brotado. Estas son las líneas más sugeridoras:

> Soy la noche, pero me esperan esos brazos largos, sueño de grama en que germina la aurora: un rumor en sí misma. Soy la quietud sin talón, ese tendón precioso; no me cortéis; soy la forma y no el infinito. Esta limitación de la noche cuando habla, cuando aduce esperanzas o sonrisas de dientes, es una alegría. Acaso una pena. Una cabeza inclinada. Una sospecha de piel interina. Extendiendo nosotros nuestras manos, un dolor sin defensa, una aducida no resistencia a lo otro se encontraría con términos. De aquí a aquí. Más allá, nada. Más allá, sí, esto y aquello. Y, en medio, cerrando los ojos, aovillada, la verdad del instante, la preciosa certeza de la sombra que no tiene labios, de lo que va a decirse resbalando, expirando en espiras, deshaciéndose como un saludo incomprendido (137).

¡Cuántas intuiciones del mundo aleixandrino, y de las más resistentes, se adensan aquí! El largo apoyo en la aurora y la luz hacia el que la noche —la ceguera, la clausura— siempre se encamina; la limitación de la misma noche, no su desbordamiento; la disposición de entrega, por el espíritu, hacia todo lo que nos trasciende *(una aducida no resistencia a lo otro)* pero que, al realizarse, tropieza con escollos y con límites *(... se encontraría con términos)*; la palabra casi deshecha en un halo de sombras, es decir, en su destino y su cáscara de silencio. Pero de un silencio que es a la vez saludo y plenitud.

Mas también, y antes de que esas mismas líneas finalicen, hemos descubierto una sugestión nueva, que con los años permeará totalmente la palabra poética de Aleixandre: la temporalidad, la asunción de la calidad fluida, huidiza, de toda certeza o verdad. De otro modo, cuando el poeta se cierra ante el infinito para, por el contrario, replegarse en la forma, que es concreción pero de igual modo intuición de «interinidad» *(Una cabeza inclinada. Una sospecha de piel interina)*, la conciencia de la relatividad se adueña de toda conquista o posesión que el afán cognoscitivo otorgue al hombre. La lección última de *Diálogos del conocimiento* será, allí, con pluralidad de matices e incidencias, la de la relatividad (es decir, el multiperspectivismo) de todo conocimiento humano. Pero ya aquí, en *Pasión de la tierra*, queda reconocida como única forma posible de verdad —*aovillada*, modesta— esa *verdad del instante* que no es así, que no podrá ser nunca, verdad definitiva y absoluta Un brazo más tendido desde la juventud hacia «la coherencia del total mundo poético» que el propio Aleixandre diagnosticaba, en su valoración de este libro, hace ya muchos años.

Capítulo III
Hacia el conocimiento total

Es en sus tres libros escritos inmediatamente antes de la guerra civil donde Aleixandre llevará a su plenitud, en variedad de intuiciones y riqueza de expresión, aquel primer gran *modo* suyo de aspirar al conocimiento total mediante la comunión pánica, tal como quedó perfilado en el capítulo I. La secuencia de esos libros, que va desde *Espadas como labios* a *Mundo a solas*, se centra en aquél de los suyos donde culmina su más vigorosa palabra poética de este período: *La destrucción o el amor.*

No será necesario detenerse ahora en la fórmula sintética enunciada y sutilmente analizada por Carlos Bousoño en su fundamental libro, *La poesía de Vicente Aleixandre,* para esta etapa del poeta: fusión con la naturaleza elemental, solidaridad con el cosmos físico. Se tratará, más bien, de entender tal soporte —la comunión con el cosmos— como un acto o voluntad de misterioso conocimiento total. De otro modo: de comprobar cómo esa proyección de penetración e identificación trascendente se le presenta al hombre —bien ya como respuesta suficiente, bien sólo como afanosa demanda— en calidad de imperiosa fuerza cognoscitiva, de estímulo para su completo proceso de realización y autoconocimiento. De entrada, convendrá revisar algunas declaraciones de Aleixandre —sobre su poesía de entonces o sobre la poesía en general— que vienen a confirmar esta intuición que aquí se va avistando.

Comentando una pieza («A ti, viva»), de *La destrucción o el amor,* su autor escribe: «Si un pensamiento central implícito existe en la obra del poeta (...) acaso sea el de la unidad amorosa del mundo». Unión inextricable de nociones e impulsos —el mundo, el amor— que él mismo se encarga al momento de ligar clarificadoramente cuando precisa que el mundo se le aparece siempre como «reducido a una sustancia única que el poeta llama amor» («Dos poemas y un comentario», II, 650). Será así este principio, o sea el de la «unidad amorosa del mundo», el pivote intuitivo que actuará como eje de su poesía de aquellos años. Y resulta interesante verificar cómo él mismo, en otras ocasiones, ha venido a aproximar análogas observaciones suyas a nuestra terminología valorativa, que pone énfasis en contemplar esa comunión identificativa con la totalidad en calidad de designio integral de conocimiento. Y así, sí puede llegar a definir el amor como «un intento de comunión con lo absoluto» («En la vida del poeta: El amor y la poesía», II, 422), queda clara la ecuación amor=absoluto, totalidad. De otro lado, en algún momento verá a la poesía como «una forma del conocimiento amoroso» («Poesía, comunicación», II, 669). El silogismo queda redondeado: la poesía será, así, una forma del conocimiento total.

Ese afán de universal integración alcanza en la región de su obra que preside *La destrucción o el amor* su mayor ambición: es la suma del mundo, y de los mundos cósmicos lo que el poeta pretende abrazar. En una página en prosa escrita en el mismo año exacto en que va componiendo aquel libro —1933— hay un fragmento muy iluminador al respecto. Naturalmente que al hablar allí de poesía, es legítimo pensar que lo hace de la que va concibiendo y dando a luz en aquellos justos momentos. Sostiene en esa ocasión (y se reproduce sólo el primer tramo de la amplia cláusula, que es el que nos interesa): «Si desde algún sitio, entonces, poesía es *clarividente fusión con lo creado*, con lo que acaso no tiene nombre; si es identificación súbita de la realidad externa con las fieles sensaciones vinculadas, resuelto todo de algún modo en *una última pregunta totalizadora, aspiración a la unidad, síntesis, comunicación o trance...* («Poética: Nuevas notas», II, 644-645).

Lo que ahora importa son esas dos sugestiones, subrayadas por nuestra cuenta, que hablan de «una última pregunta totalizadora» y de la «aspiración a la unidad» como modos de describir a una poesía que es vista precisamente como «fusión del hombre con lo creado». Porque todo empeño de totalidad presupone —y jamás renuncia a ella— la percepción de la unidad. ¿Y no es este objetivo, la búsqueda de un sentido unitario dentro de lo plural y disperso, el norte a que se dirige todo humano esfuerzo cognoscitivo? Pues, desde el romanticismo hasta hoy, es el sentimiento de esa unidad rota, perdida, lo que aguija al espíritu escindido y desgarrado del hombre moderno. Esta poesía, entonces movida en Aleixandre por una pasión de cósmica unidad, es así una pregunta de dimensiones totalizadoras. Y de igual modo, en las ocasiones más intensas, es también una respuesta. De la desconcertante pluralidad a la visión de la totalidad. Y apoyando el dramático proceso interior, sustanciándolo desde dentro, el ensueño —¿la utopía?— de la reconfortante unidad.

¿Se trata de una vuelta cabal al romanticismo? Ello sólo podría aventurarse si se piensa en lo esencial y permanente del genio romántico, no en las «maneras» exteriores de una determinada escritura o escuela. Cada vez que el hombre advierte como turbadora la pluriferante dispersión, se vuelve nostálgicamente a la imagen —a la reconstrucción, por el espíritu y por la palabra— de la originaria y nutricia unidad: algo que el pensamiento oriental ha «ejecutado» siempre, que subyace en todas las místicas —y en el romanticismo genuino y en el simbolismo— y que a los surrealistas afiebró de tan intenso modo. Se vuelve al postulado fundamental: *El mundo todo es uno*, que Aleixandre inscribirá, literalmente, en un poema suyo muy representativo de esta actitud, «Quiero saber» (sobre el que habrá de volverse), de *La destrucción o el amor*.

Y el impulso que va desde la conciencia del yo, aislado y marginal, hasta el mundo total en que esa misma conciencia quiere integrarse, tiene en nuestro poeta un nombre: el amor. Y el amor entendido al *modo romántico* —es decir, pasional— que le ha sido tan peculiar a Aleixandre entre los poetas hispánicos de nuestro siglo. Le ha acompañado, además, una clarísima atención crítica sobre tal ardorosa problemática, como se desprende de la sección titulada «Mundo amoroso», de su estudio «En la vida del poeta: El amor y la poesía». Allí pasa el autor revista a los diversos modos del sentimiento del amor en la Edad Media, el Renacimiento, el Romanticismo y los tiempos modernos. Y verá en estos dos últimos acordes tempo-espirituales cómo «el sentimiento cósmico del amor (...) pretenderá coordinar, con nueva síntesis, la fuerza del amor en el hombre con las fuerzas oscuras incorporadas en un cosmos viviente»; y cómo todo ello «pertenece a un mundo posterior, el mundo moderno, y no se concebirá sin el transcurso del hombre por el romanticismo» (II, 407).

Sólo en este particular, pero absolutamente esencial sentido, podrá hablarse de un Aleixandre tan romántico como moderno (o a la inversa)[1]. La Naturaleza, ya no telón de fondo sino entidad sustantiva, le manifestará al hombre la lección suprema de su unidad profunda, más allá de las apariencias dispares. Y el amor será «un espíritu vivificador y difuso que penetra y exalta las formas todas de la común vida general, con la que se identifica, y que queda toda ella armoniosamente afectada» (II, 408). Es, pues, la identificación unitaria y armónica con la vastedad cósmica y total de lo creado, a través del amor, lo que dará su dirección última a la búsqueda —al destino— del hombre, quien antes (o después) del amor, pareciera moverse como perdido entre la alienante realidad de lo distinto e inabarcable

Pero hay algo más, en ese texto, y es donde habrá de llegarse. Este amor, así dotado de una fuerza de expansión cósmica y ya suficiente, no será, añade el escritor, «una pasión limitada y circunscrita sino que aspira a ser *totalizadora, explicadora, resolu-*

1. Sobre este tema, véase Manuel Durán: «Vicente Aleixandre, Last of the Romantics: The 1977 Nobel Prize for Literature», *World Literature Today,* vol. III, núm. 2. Spring, 1978.

toria en sí misma» (II, 407). Repárese en las calificaciones que se han destacado intencionalmente: *explicadora, resolutoria y,* sobre todo, en la anterior, *totalizadora.* Esa pasión amorosa, de tal modo concebida, sería también el único modo de colmar la otra pasión, la del conocimiento, pues que *todo* lo abarca, *explica* y *resuelve,* sin dejar frustradoras ansiedades en quien la experimenta. «¿Y el amor humano?», se pregunta el mismo Aleixandre en otro sitio («Dos poemas y un comentario»), para de inmediato responderse: «El amor humano, en esta misma poesía, si por un lado es como un ardiente simulacro de esa confusión última que sólo abren las puertas de la muerte, por el otro está inscrito, y por ahí aceptado, en la armonía general, en cuyo sentido amoroso queda embebido y del que es como proyección concentrada e individualizadora» (II, 650).

El amor pasional de los amantes queda también así incorporado a la respondiente —resolutoria— armonía general de la Creación, que es la meta del otro amor universal e integrador. Queda en esa armonía «embebido» —es decir, identificado, disuelto, resuelto. No hay, pues, en esta ancha zona de la poesía aleixandrina, otro modo de conocimiento que esa integración amorosa y última con la inmensidad primera y sustentante de todo lo creado. Pero se trata de un modo *total,* definitivo: las valoraciones del poeta son, en tal sentido, rotundas. No importa que el objeto del amor sea agigantadamene el cosmos mismo en su unidad mayor, o sea la entidad individualizada de la amada: el cosmos y la amada son aquí la misma cosa. El amor-pasión —el amor de los astros con sus luces y rayos milenarios, el de las fieras con su garra afilada y el de los árboles con sus raíces poderosas, el de los amantes con su sangre arrebatada como lava rugiente—, ese amor-pasión, en su ímpetu incontenible de radical deslimitación, es identificado en esta poesía como la única garantía cierta, y total, de absoluto.

Y ese impulso pasional hacia una otredad humanamente inabarcable —dotada de las más enérgicas dimensiones cósmicas—

concede a esta actitud otro signo de auténtica estirpe romántica. Se trata de establecer «el sitio de una comunicación con la realidad más vasta en que estamos sumergidos: realidad cósmica o divina, ambas infinitas y de naturaleza espiritual»[2]. Aleixandre descarta la sugestión de una realidad divina y opta por una de índole cósmica, sobrepasadora del hombre y sus limitaciones. No porque los móviles —las soluciones— apunten a realidades elementales, materiales o telúricas, esa actitud deja de ser sustancialmente espiritual. Sólo la fuerza del espíritu es capaz de vencer tan aplastantemente las barreras de la razón: sólo tal fuerza hará precipitar la aventura toda del ánima —y de la palabra poética— hacia los horizontes más racionalmente inaccesibles.

Espadas como labios

Esta asunción de la poesía como vía de conocimiento total se anuncia ya, siquiera como vislumbre, tanto en *Ambito* como en *Pasión de la tierra*. Pero sólo adquirirá un decisivo perfilamiento —no aún una plenitud de desarrollo: ello corresponderá a su entrega siguiente— en el tercer libro de Aleixandre: *Espadas como labios*.

De un lado, mirando hacia el pasado inmediato, puede constatarse en este volumen el mayor alcance —si bien de sentidos contradictorios uno de ellos— que ahora logran dos motivos que surgieron a propósito de aquellas colecciones anteriores: los del silencio y de la luz. En cuanto al primero, se asiste ahora, en *Espadas como labios*, a un crecimiento muy apreciable de la intuición del silencio, que devendrá espléndida referencia simbólica de muy variadas implicaciones cósmicas, ontológicas, epistemológicas. Respectivamente, la voz en plenitud del mundo será sentida, en acorde que a ambos iguala —la plenitud y el silencio—, en térmi-

2. Béguin: *Op. cit.*, p. 482.

nos de este último. El poema así titulado, «Silencio», nos alza a uno de los elementos naturales más queridos del poeta, el árbol, en el momento que emite, fundiéndolas y enriqueciendo la segunda, las dos tesituras tonales físicamente opuestas al respecto: el sonido y su ausencia. Dice un verso de ese poema: *Los árboles en sombra segregan voz. Silencio* (I, 255). Ontológicamente, el silencio vendrá a representar también la suma de las experiencias vitales por los que al cabo se constituye el ser. De este modo, un enterrado cuerpo humano, alcanzado ya su posible redondeamiento en la muerte, podrá ser descrito como *una flor de metal que así impasible / chupa de tierra un silencio o memoria* («En el fondo del pozo», I, 265). La memoria última —el encuentro absoluto para el hombre entre su existir y su ser— se hace equivaler, mediante la particular conjunción identificativa o igualitaria (la *o*), con el mundo aquí ya cargado del vacío del silencio.

Y la verdad, el objetivo último de todo empeño gnoseológico, quedará igualmente reducida, aquí en insondable visión pesimista, a materia también callada, silenciosa. Ocurre ello, entre otras instancias, en «El más bello amor»: *La verdad, la verdad, la verdad es ésta que digo, / esa inmensa pistola que yace sobre el camino, /ese silencio —el mismo— que finalmente queda / cuando con una escoba primera aparto los senderos* (I, 270). En resumen: el silencio irá perdiendo en *Espadas...*, aquel encanto auroral de nuncio de nacientes realidades con que había aflorado en el trabajo poético inicial de Aleixandre, y se colmará por el contrario de resonancias nihilistas —como también, allí ya más definitivamente, en *La destrucción o el amor.* Sin embargo, en lo que toca al mundo de la luz, éste seguirá funcionando —y ello se verá poco después— como ese alto núcleo simbólico de positividades que le es intrínseco.

Del otro lado, ahora en proyección hacia el futuro, *Espadas como labios* se ofrece como apertura ya indiscutible de esa disposición por la que la fusión identificativa con la realidad cósmica se le presentará al hombre como modo o vehículo de conocimiento

—según se ha venido reiterando—. En este sentido, el conjunto se abre con dos textos donde encontramos al poeta en su ejercicio de tal dentro de una primera actitud todavía *receptiva*, propia de quien aún tiene prácticamente que limitarse a actuar como un agente transmisor de los mensajes del cosmos. Para esa actitud forzosamente receptiva como se ha dicho, las únicas acciones posibles son las de *escuchar* y *oír*, que en diferentes formas verbales se prodigan en el libro. En el primer poema, «Mi voz», esta voluntariamente asumida actitud queda expresada así: *ese decir palabras sin sentido / que ruedan como oídos, caracoles, / como un lóbulo abierto que amanece / (escucha, escucha) entre la luz pisada* (I, 247). En la composición que le sigue, «La palabra», hay ya también otro anticipo en *Espadas como labios:* la mirada del poeta tratando de desentrañar el mecanismo misterioso —el origen— de su propio trabajo, en el momento mismo de emitir su voz: *Voy a decirte... Voy a hablarte muy bajo...*

Y por aquí se llegará, en la misma composición, al convencimiento de que esa voluntad suya, la palabra que ha de surgir, no es sino el esfuerzo de un absoluto ser total que se empeña en *pronunciar palabras con mi lengua*, la del poeta. Este emerge así en calidad de receptor y transmisor de una entidad mayor y omnicomprensiva, que a su través se pronuncia. Por eso se le impone a aquél la obligación, nada fortuita, de asociar la emisión de su voz (el *decir*) con la práctica de la audición de las realidades naturales y cósmicas (el *escuchar*). El labio dice, y a la vez escucha. Como en el anterior poema, también en los versos que concluyen este otro, «La palabra»: *porque yo voy a decirte todavía, / porque tú pisas caracoles / que aguardaban oyendo mis dos labios* (I, 249).

No menor interés cobra en *Espadas*, y como prelación de algo que *La destrucción o el amor* llevará a su mayor desarrollo, la convicción de que si en la fusión absoluta con la magnificencia de la Creación total sólo podrá el hombre acceder a su plena realización, el paso indispensablemente previo para ello es el del agigantamiento del hombre mismo. Ese agigantarse de la figura humana, hasta niveles cósmicos, supone un rebasamiento de sus límites, a cuyo través sólo puede verificarse o cumplirse el casamiento —las bodas: la unión— del hombre y la Naturaleza, del hombre y lo creado.

Adviértase, sin embargo, que todavía no se consuma totalmente en *Espadas como labios* esa unión, ya en trance de identificación mística, que vendrá a producirse en *La destrucción o el amor*. Pareciera como si un cierto discreteo irónico, de travieso punzón verbal, que va minando la «seriedad» tonal de *Espadas*, impidiese todavía aquí el arrebato pasional que dominará los momentos más álgidos del cuaderno siguiente. No obstante esta salvedad, aquellas tensiones apuntadas —gigantismo humano, ruptura de los límites, ansia de totalidad— afloran, meridianas, en los siguientes pasajes de *Espadas como labios: A mi paso he cantado porque he dominado el horizonte; / porque por encima de él —más lejos, más, porque yo soy altísimo— / he visto el mar, la mar, los mares, los no-límites* («Nacimiento último», I, 257)... *La certeza de siempre, los no-límites* («Siempre», I. 284)... *Quiero un bosque, una luna, quiero todo* («Por último», I, 278).

Pero la ironía —se acaba de sugerir— corroe en *Espadas como labios* todo amago de certezas absolutas. Y la ironía, en algún momento, se rasgará abruptamente hacia el sustrato último desde donde aquélla se levanta: el distanciamiento, la desconfianza, el escepticismo. En uno de sus niveles, el que mira a la propia expresión, esto sucede con la mayor violencia en el poema titulado «Palabras», que contiene ya un implacable cuestionamiento del poeta sobre el irremplazable instrumental expresivo de su quehacer: el lenguaje. No podría concebirse mayor cúmulo de radicales valoraciones negativas volcadas sobre la eficacia —en este caso, la ineficacia— de la palabra. Y así ésta, en su desasida potencialidad, es casi grotescamente descrita —o mejor: borrada, invertida. La palabra será, aquí, *lana marchita, arena machacada,* y aún más:

torpe vientre hinchado. Es decir: cada elemento natural con el que pudiera metafóricamente asociarse la palabra, en su supuesta bondad primera, queda al punto desvalorizada con connotaciones de decadencia, oquedad, desecho y vacuidad. Más explícitamente aún, estos versos de «Palabras» declaran su condenación y repudio más desolador: *Papel. Lengua de luto. Amenaza. Pudridero. / Palabras, palabras, palabras, palabras. / Iracundia. Bestial. Torpeza. Amarillez. / Palabras contra el vientre o muslos sucios* (I, 287).

Se dice y se insiste en que la modernidad comporta, en el poeta, una vigilante operación reflexiva sobre su trabajo y sus materiales —las palabras—, y que ese mismo poeta moderno afirma con éstas a la vez que las niega mediante su más acerada pupila crítica. Si ello es así —aunque no tenga que ser explícitamente siempre así—, no hay duda de que en este texto, «Palabras», Aleixandre se sitúa extremosamente en *esta* línea también extremada y ardua de la modernidad. En todo caso, alcanza, dentro de *Espadas como labios*, su sima más baja de pesimismo y negación en tanto que artista altamente consciente de las limitaciones de aquello mismo, el lenguaje, con lo que como tal se define.

Y, sin embargo... El pesimismo, que puede ser una constante en Aleixandre, nunca es total en él. Hay siempre en su obra una alternación, ese zigzagueo incansable entre el abatimiento y la exaltación. Tal visión negativa del lenguaje no puede, así, obstruir en *Espadas* la búsqueda de la verdad, meta en que se concreta muy específicamente toda volición de conocimiento. Y, de ese modo, esta búsqueda adquiere una primera irrupción central y orgánica en el poema directamente titulado «Verdad siempre». Y lo importante es que esta verdad *—la única verdad—* es referida tanto al pensamiento que emerge como a la luz que brota, ratificando así esa trascendencia simbólica que el día y la luz tienen como ámbito y correlato del despertar del conocimiento:

Sí, sí, es verdad, es la única verdad;
ojos entreabiertos, luz nacida,
pensamiento o sollozo, clave o alma,
este velar, este aprender la dicha,
este saber que el día no es espina,
sino verdad, oh suavidad... (I, 283).

No queda nunca borrado, sin embargo, y ni aun en este poema, ese poder a la vez estimulante y germinal de la noche. Pero al cabo —como ya desde el mismo *Ambito*— es al surgimiento y plenitud de la luz donde finalmente corresponderá, donde se inscribirá, todo impulso vertical de trascendencia y conocimiento. Los instantes más positivos, los más llamados a un exultante desarrollo, se harán entonces impregnar de ese halo de una luz fiel y absoluta:

El aroma, el esfuerzo para perdurar,
para ascender,
para perderse en el deseo alto pero lograble,
todo está dichosamente presidido por el mediodía,
por lo radioso sin fin que abarca al mundo como un
[amor (I, 303).

En estos versos del poema «Libertad» se ligan escrupulosamente la intuición del mundo con la vivencia del amor; y por ello se leen como aquellos de *Espadas como labios* que con mayor brío adelantan el pensamiento de la «unidad amorosa del mundo» alrededor del cual se centrará muy pronto *La destrucción del amor*. Y esos versos concluyen por exaltar la radiante luminosidad del día como el reino último y total hacia el que, desde ya, apuntaba en el poeta la brújula de su espíritu.

La destrucción o el amor

Ese pensamiento de la amorosa unidad universal adquiere, en *La destrucción o el amor*, como ha advertido el propio autor, su máxima plenitud. En otras palabras: este libro señala el punto apical de ese impulso hacia la totalidad que, desde sus inicios mismos, había marcado los rumbos poéticos aleixandrinos. Tal impulso de totalidad, como quedó esbozado, brota de la intuición última de la unidad, y ambas tensiones —totalidad, unidad: al cabo una y la misma— nacen, por rechazo, de la aprehensión inmediata y desazonante de la pluralidad, de lo diverso y disperso. Y por imperativo de la ley de la analogía, que rige el devenir de la poesía desde la tradición romántico-simbolista, si el poeta advierte en el cosmos unos determinados movimientos y una determinada combinatoria, es porque, analógicamente, los descubre y siente vividos en los estratos más hondos de su espíritu.

De este modo, ese dilema entre pluralidad y unidad que Aleixandre percibe en la amplitud de la Creación total, no resulta así sino la plasmación de análogo dilema que en lo profundo de su ser igualmente advierte, No es otro el planteamiento que, en una de sus posibles lecturas, despliega «La selva y el mar», pieza que no sin razón abre *La destrucción o el amor*. Esta interpretación de esa pieza que aquí se propondrá, aspira a inscribirla dentro de la axial problemática del conocimiento, donde la reducción de lo plural a lo único, de la diversidad a la unidad cobra un sentido trascendente y esencial.

«La selva y el mar» dedica prácticamente las cuatro primeras de sus siete tiradas estróficas a un muestrario minucioso y detallado de muchos entre los variadísimos animales que tejen la plural urdimbre de la selva. Ha destacado en esos animales, sobre todo, su poder feroz, su corazón o su odio —equivalentes, en la personalísima concepción del autor, a la energía misma del amor en tanto capacidad destructora de los límites. En el quinto grupo estrófico inicia una reenumeración de algunos de los ya convocados, y de otros que allí aparecen por primera vez —en relación que incluirá, por sus nombres directos, al tigre, el elefante, la cobra, el águila, el escorpión, el hombre mismo, la víbora, la coccinela—. Queda así cumplido el rito documental debido a la exigencia de la pluralidad: testimoniar la existencia de todos esos seres en sus respectivas e intransferibles —irreductibles— individualidades. Y de pronto, en giro inesperado, que reproduce el paso de la mirada analítica a la sintética, aquella enumeración pormenorizada viene a condensarse ahora en una forma pronominal absoluta y unificadora: *Todo,* aquí formulada en aplicación directa a la selva en su totalidad. Pero no se detiene, en ese gesto, este movimiento dirigido a la unidad. Ese *todo* unificante se alza (*se alza* literalmente) y se precipita hacia otro elemento, situado más allá e inaccesible y remoto, y hasta ahora no enunciado: el mar. Así leemos: *Todo suena cuando el rumor del bosque siempre virgen / se levanta como dos alas de oro, / élitros, bronce o caracol profundo, / frente a un mar que jamás confundirá sus espumas con las ramillas tiernas* (I, 324). Y aquí se está ya ante el símbolo de la unidad: el mar, siempre múltiple y único a la vez, solución señera de la pluralidad en la unidad —como en Valéry. Y para que la correspondencia simbólica se haga más definida, el mar se configurará en calidad de algo que, como la unidad que en su interior el hombre busca, se presenta como un destino inalcanzable, lejanísimo. Los versos que siguen a los anteriores, y hasta el final, desarrollan esa imposibilidad de acceso o realización, ese perpetuo no alcanzar, sin embargo esperanzado, de los seres plurales de la selva ante la entrevisión inaccesible: *frente al mar remotísimo que como la luz se retira.*

El mar se gana así en *La destrucción o el amor* esta muy precisa implicación de representar la unidad, la fuerza que es sólo capaz de reducir lo diverso o plural. «Después de la muerte» desenvuelve la idea heraclitiana de la realidad —y del hombre dentro de ella— como algo tan fluyente que acaba anulando, en el sentido de hacer ilusoria, esa misma realidad. Con un solo elemento no puede esta continua fluencia: con el mar, eterno, imperturbable, diluyente último y borrador de la misma pluralidad en que lo real consiste. De esta suerte concluye el poema:

> Todo pasa.
> La realidad transcurre
> como un pájaro alegre.
> Me lleva entre sus alas
> como pluma ligera.
> Me arrebata a la sombra, a la luz, al divino contagio
> Me hace pluma ilusoria
> que cuando pasa ignora el mar que al fin ha podido:
> esas aguas espesas que como labios negros ya borran
> [lo distinto (I, 328).

El mar, como la muerte: anulador de lo diverso y vencedor. Y vencedora también —al menos como intuición del espíritu— esa unidad cimera a la que éste siempre tiende.

Y hacia la unidad toda —la unidad del mundo a través del amor— tienden en sus áreas más luminosas los poemas de *La destrucción o el amor*. Hay momentos en que se asiste a algo así como a la realización plena de esa entrevista y ansiada unidad: a la unión física de los amantes, o del hombre singular con el mundo, o a la que eróticamente también habría de consumarse entre todas las criaturas del universo. A efectos de la fuerza expansiva y delimitadora del amor, en esos momentos parece como si la tensión amorosa alcanzara la calidad y la intensidad de la unión verdaderamente mística. Entonces esta identificación en plenitud adquiere los visos de una respuesta total y suficiente a la inquietud del hombre y sus preguntas; y aplaca a la conciencia interrogante, la acalla: es el instante de ya sólo sentir —no de pensar, cuestionar, indagar. El dolor por el ignorar o el desconocer no tiene allí inoportuna cabida, puesto que aquella comunión es ya, y sin fisuras para que asome la duda o la serpiente, un acto de misterioso conocimiento total.

Y es que, más que confirmar que *el mundo encierra la verdad de la vida / aunque la sangre mienta melancólicamente* («Las águilas», I, 420), o que nada, por el amor, *nunca podrá destruir la unidad de este mundo* («Unidad en ella», I, 332), interesan aquí aquellas ocasiones en las cuales queda explicitado rotundamente cómo la violencia del amor, sentido como apertura hacia lo absoluto, absorbe y anula la conciencia personal —nivel único donde habría de efectuarse la función del racional conocimiento humano—. Si la sensación dominante en la unión mística (y aquí no estamos sino ante una mística de la materia, hacia la que gravita el espíritu) es la de la más perfecta obnubilación del yo, a consecuencia de esa absorbente unión, ningún resquicio —ninguna necesidad— encontrará el ser, a través de la mente, para racionalizar en tal instante lo vivido, lo que se vive, esto es, para convertir la experiencia en conocimiento racional.

Véanse dos de esos momentos. Uno se da en el poema «Ven siempre, ven», todo sellado por la tremenda fuerza de la pasión erótica. El poeta proclama allí abiertamente, como lo haría el místico en trance semejante, la anulación de su capacidad cognoscitiva, paso absolutamente previo a la total fusión que habrá de verificarse. Un largo versículo lo declara así: *Pero tú no te acerques. Tu frente destellante, carbón encendido que me arrebata a la propia conciencia* (I, 399). El pasaje es diamantino: el rapto de la conciencia, ardida por el efluvio ígneo —*carbón encendido*— de la energía erótica, obstruye toda necesidad o aun posibilidad de inquietudes reflexivas e inquisitorias. El amor, como vivencia de comunión con el mundo, es así, y sobre todo, conocimiento total, rebasador de límites y acallador de innecesarias preguntas. O, en el mejor caso, su única respuesta.

Otro de esos instantes totalizadores se da aún más ejemplarmente en «A ti, viva». El poema despliega, en dos tiempos, el acto de la contemplación del cuerpo del amor, y sus consecuencias últimas en el amante. Como una prótasis repetitiva, las tres primeras estrofas modulan, anafóricamente, el escenario o momento de la acción: *Cuando contemplo tu cuerpo extendido...*; *Cuando miro a tus ojos, profunda muerte o vida que me llama...*; *Cuando acerco mis labios a esa música incierta.* La apódosis resultante, a partir de la cuarta agrupación estrófica, se inicia precisamente con el verbo clave: *sentir.* Allí se dice: *Siento el mundo rodar bajo mis pies...* No hay urgencia para el que ama —para el que así siente, abrasado por el amor, la totalidad del mundo— de dar paso a ninguna cavilación reflexiva; le basta sentir, en el alcance de vibrar pasionalmente ante el estímulo que le colma y todo lo explica sin palabras. En pocos pasajes de *La destrucción* esa armonía universal que se aprehende en el amor, ese conquistar el pulso total del mundo en la mirada y el beso amoroso, logra tan feliz —tan plena— realización poética como en la última estrofa de «A ti, viva». Y en el verso final queda resonando la prácticamente única acción verbal personalizada que ha discurrido en esta segunda parte de la composición: *(yo) siento.* Y es la única acción necesaria —sentir: vivir, no indagar—. Esta es la estrofa:

> Mirar tu cuerpo sin más luz que la tuya,
> que esa cercana música que concierta a las aves,
> a las aguas, al bosque, a ese ligado latido
> de este mundo absoluto que siento ahora en los
> [labios (I, 355).

Unión integradora y suficiente del mundo, alcanzada a través del beso, que no puede reclamar otro movimiento del ánimo que no sea el de sentir, el de sentirla. Como en la «Llama de amor viva», de San Juan de la Cruz: ya puro éxtasis.

Pero *La destrucción o el amor* se acompaña también de su reborde de sombras. No todo es allí luz, conocimiento total. Están también los interrogantes, la duda y las perplejidades, la noche y el negror. Está también, por ello, el aguijante irrumpir de la conciencia —demandante, exigente—. Esto ocurre bajo diversas circunstancias: cuando el hablante se distancia objetivamente del momento de la ansiada unidad, aunque lo invoque; cuando aun lo describe pero no lo siente como vivido; cuando el desamor hace entrar su tramoya de sombras en el espíritu entonces abatido del amante; o cuando el agudo sentimiento de la pluralidad —de lo diverso e irreductible— se hace dolorosamente patente. En estas ocasiones, la inquietud racional no queda acallada, sino que se enseñorea de la conciencia y, avivando el afán humanísimo de conocer, la punza de manera implacable y repetida. Esta tesitura de urgencia se resuelve, por lo común, en una serie de sostenidas claves anafóricas *(dime...; dime, dime...; quiero saber...)* que arman frecuentes letanías en varias piezas, como muy en seguida se ratificará.

En esta dirección el poema más representativo es el así ya explícitamente titulado «Quiero saber». A pesar de que en él se contiene la más diáfana formulación de la intuitiva concepción unitaria del universo que el poeta ha asumido (*El mundo todo es uno,* dice allí, como ya se adelantó), la sugestión general de todo su desarrollo es la del hombre angustiadamente situado ante la dispersión aparencial, la diversificación diferenciada de las cosas que rompe el equilibrio de esa amorosa armonía universal, sin embargo presentida[3]. Por eso el texto se abre con esta tensa demanda: *Dime pronto el secreto de tu existencia; / quiero saber por qué la piedra no es pluma...* (I, 358). Y los versos después replantearán, anafó-

3. El amor como potencia destructiva de la diversificación, y a la vez, por ello, restaurador moral del equilibrio cósmico, es un sentimiento fundamental en Aleixandre. Lo ha destacado y analizado atinadamente Carlos Bousoño en su libro *La poesía de Vicente Aleixandre*, 3ª ed. (Madrid: Gredos, 1977), pp. 72-76.

ricamente, la necesidad por el hablante de asegurarse la facticidad de que la unión entre los amantes recree y reviva esa anhelada y total unidad amorosa del mundo:

> Quiero saber si el corazón es una lluvia o margen,
> lo que queda a un lado cuando dos se sonríen,
> o es sólo la frontera entre dos manos nuevas
> que estrechan una piel caliente que no separa.

* * *

> Quiero saber si un puente es hierro o es anhelo,
> esa dificultad de unir dos carnes íntimas,
> esa separación de los pechos tocados
> por una flecha nueva surtida entre lo verde.

Este poema, dentro de la colección, incorporará el momento más incisivo de la impotencia y la duda. Más que pesimismo (otros los hay, en este particular sentido, de mayor densidad), se trata de dejar inscritos el dolor ante la imposibilidad por el hombre de erguirse a lo alto con su gesto insuficiente *(desesperación viva de ver los brazos cortos / alzados hacia el cielo)*, tanto como el pesar que en él despierta esa incertidumbre sobre la unidad final que el humano pudiera alcanzar.

En «Canción a una muchacha muerta» el poeta indaga febrilmente el enigma de la muerte lograda, que ya es vida, enigma que se esconde en ese cuerpo enterrado. Este cuerpo posee ya la verdad, pero el viviente aún no ha arribado a ella y se la reclama con doloroso apremio. No es ya el arrebatado voluntarismo pasional de un *quiero amor o la muerte* —de «Unidad en ella»—, sino la contemplación de la muerte en sí. En esa muerte, fiel a la germinal intuición de la muerte como fusión total, reside la verdad. Pero el que habla, desde la vida, anhela conocer, quiere saber, por qué ello es así:

Dime, dime el secreto de tu corazón virgen,
dime el secreto de tu cuerpo bajo tierra,
quiero saber por qué ahora eres un agua,
esas orillas frescas donde unos pies desnudos se
[bañan con espuma.

* * *

Dime por qué tu corazón como una selva diminuta
espera bajo tierra los imposibles pájaros,
esa canción total que por encima de los ojos
hacen los sueños cuando pasan sin ruido (I, 369).

Y si el amor es plenitud —y por ello solución total—, del lado contrario el desamor será ignorancia, pregunta, señal incomprensible. Será también, en consecuencia, apagamiento de todos los signos vitales: oscuridad, silencio, vacío y pesantez, ausencia de toda emanación radiante o sensorial del mundo. Es otra vez la conciencia, no la pasión, quien habla en «Corazón negro»:

Corazón negro.
Enigma o sangre de otras vidas pasadas,
suprema interrogación que ante los ojos me habla,
signo que no comprendo a la luz de la luna.
Sangre negra, corazón dolorido que desde lejos la envías
a latidos inciertos, bocanadas calientes,
vaho pesado de estío, río en que no me hundo,
que sin luz pasa como silencio, sin perfume o amor (I, 374).

Con todo, en el balance general, *La destrucción o el amor* se inclina mayoritariamente hacia el polo del orden y la armonía, y entonces el tono es positivo, alzado. Como símbolo magnífico de ese orden equilibrador y cabal, el poeta ha encontrado la imagen absolutamente idónea del *centro* —que resuelve en términos de perfecta geometría las azarosas preguntas, los desvíos ya no posibles. Así en estos versos de «Soy el destino», que han atraído repetidamente la atención de los críticos[4]: *Soy el destino que convoca a todos los que aman, / mar único al que vendrán todos los radios amantes / que buscan a su centro, rizados por el círculo / que gira como la rosa rumorosa y total* (I, 396).

La destrucción o el amor es, dentro de la poesía primera de Aleixandre, el libro de la plenitud. Y esa plenitud radica no sólo en la intuición vivificadora de su cosmovisión, sino correlativamente, en el extremado esplendor verbal e imaginativo de toda su escritura —donde el callar, si aparece, no podrá ser sentido sino como negatividad—. Pero es también —y ya lo ha señalado Darío Puccini— el libro donde ya se insinúa, para no desaparecer jamás, «un intento y un tono elegíacos»[5]. Por eso no ha de extrañar que, por vía irónica, en su sección III (la única que, para no confundirnos, alerta ya con un preciso rótulo identificador: «Elegías y poemas elegíacos») se deslice una composición que, corrosivamente allí, lleve el título de «Plenitud». Y esta plenitud, aquí invertida, se enmascara ahora bajo especie dolorosa de silencio y vacío; pues aunque intuida, y aun expresada, la profunda calidad o sustancia amorosa del mundo, el poeta, en ese momento, no puede hacerla suya. Es decir, que si el silencio había obrado en la poesía anterior de Aleixandre (hasta *Espadas como labios*, donde ya se vio cómo comenzó el esguince), en tanto que anuncio o apertura para empeños más promisorios, no resulta incongruente que su sugestión, y aún más sus menciones, se hagan escasas, escasísimas, en un libro de plenitudes. Esa sugestión, la del silencio, no puede actuar aquí sino como la marca, ya simbólicamente más tradicional, de una infausta brecha, abierta hacia el vacío, en el mundo de la totalidad.

---

4. Véanse los comentarios, coincidentes en términos generales, de DARÍO PUCCINI y GUSTAVO CORREA. Respectivamente: PUCCINI: *Op. cit.*, p. 70; CORREA: *Art. cit.*, p. 52.

5. PUCCINI: *Op. cit.*, p. 99.

Porque lo que más sostenidamente reclama al poeta de *La destrucción o el amor* es esto último: esa *canción total* del universo amorosamente integrado. Y siempre se le ve asociando esa canción al ámbito solar, a la meridiana atmósfera de la diurna claridad. Es bajo la luz fecunda del día, luz naciente o en su cenit, donde se consumará la unión amorosa del mundo, o la unión física de los amantes. «Ven, ven tú» convoca a los más resistentes elementos de la mitología natural aleixandrina —el bosque, la sangre, el pájaro, los labios, las mariposas, la lluvia, esos incesantes «brazos que se alargan»— pero todo ello justo en el momento *en que un sol amanece* (I, 348). Y el poeta expresara su vehemente deseo de «sólo morir de día» en el texto así titulado (I. 405). No está *La destrucción* exento de que sobre el hombre se ciernan, como se advirtió, las sombras de la noche; pero cuando el norte apunta ya directamente hacia la totalidad, y hacia la felicidad integral e integradora de los cuerpos amantes, es el aura del día, en toda su dación de luz, quien provee el único ambiente propicio. Lo muestran estos versos de «Que así invade»: *Dichosa claridad de la aurora, / cuerpo radiante, amoroso destino, / adoración de ese mar agitado, / de ese pecho que vive en el que sé que* vivo (I, 409).

Y aquel esquema estructural que se vio operando desde *Ambito* —de la noche al día, a través de la aurora—, se pondrá ahora al servicio del nacimiento del amor, que significará así la muerte de las sombras y la desesperanza. «Triunfo del amor» comienza extendiendo un paisaje de *dolor largamente sufrido*, sometido exclusivamente al imperio de la luna. Pero hacia la casi exacta mitad del desarrollo poemático surgirá el amor, y su triunfo —téngase en cuento el título— será también el triunfo del día. *El signo del amor* se ha hecho visible, y entonces... *Entonces sí que arriba palidece la luna, / los luceros se extinguen / y hay un eco lejano, resplandor en oriente, / vago clamor de soles por irrumpir pugnando* (I, 386).

Pero el advenimiento del amor y del día conduce a otro de

orden o naturaleza superior: la conquista de la única verdad o certidumbre a que, por el amor, puede la vida aspirar. Y la palabra se hace entonces pujante, vertical, ascendente: todo es un precipitado movimiento hacia arriba, que al espíritu empuja:

> El puro corazón adorado, la verdad de la vida,
> la certeza presente de un amor irradiante,
> su luz sobre los ríos, su desnudo mojado,
> todo vive, pervive, sobrevive y asciende
> como un ascua luciente de deseo en los cielos.

Más rotundo e integrador se perfila ese movimiento ascensional en el poema precisamente titulado «Total amor» —verdadero ápice de la aventura aleixandrina hacia el conocimiento en *La destrucción o el amor.* Otra vez semeja esta composición un himno específicamente laudatorio de la luz, donde todo se funde, pues *son lo amado y lo que ama, y lo que goza y sufre.* Luz: amor: totalidad. Pero el autor, hacia el final, explicita el alcance universal, absoluto, de esa fuerza expansiva en su más rebasadora potencialidad:

> El amor como lo que rueda,
> como el universo sereno,
> como la mente excelsa,
> el corazón conjugado, la sangre que circula,
> el luminoso destello que en la noche crepita
> y pasa por la lengua oscura, que ahora entiende (I, 427).

He aquí, paso a paso, los grados de esa escala ascendente del amor hacia el conocimiento. Y se notará cómo va comprehendiendo, sumando, la armonía cósmica total *(el universo sereno),* el poder supremo de la inteligencia del hombre *(la mente excelsa), y* toda su fuerza afectiva y vital *(el corazón conjugado, la sangre que circula)*. *Y* en la cúspide, como si se quisiera coronar ese encadenamiento de positividades con el haber más alto que al ser humano le es dado: *el luminoso destello que en la noche crepita / y pasa por la lengua oscura, que ahora entiende*. O sea, el conocimiento y la palabra. La lengua, antes oscura y ahora fulmíneamente iluminada por el amor, rompe su cerco de ignorancia e impotencia, y comprenderá. El hombre, y su voz, estarán aptos, por el amor, para conocer y emitir la palabra en que ese conocimiento se cifra. Desde tal perspectiva, estos versos encierran el punto climático de *La destrucción o el amor*, su verdadera cumbre.

Mundo a solas

No cabe mayor vuelco, en los sustratos ontológicos y gnoseológicos sobre los que descansa el pensamiento poético aleixandrino, que el que se realiza en el paso de *La destrucción o el amor* a *Mundo a solas*. Ya el propio autor ha calificado a éste como quizás «el más pesimista» de sus libros Y ha señalado de paso su tema central: la condición del hombre degradado, enajenado, de aquella englobante y totalizadora unidad amorosa del mundo. La posibilidad de plenitud, que se abría en *La destrucción*, se torna ahora cerrazón de horizontes, desposesión absoluta, extrema alienación.

La noche será entonces el único ámbito adecuado para esta negativísima operación. Y rigiendo ese ámbito habrá de brillar sólo la luna, con la que ésta simbólicamente comporta en el libro (y ya desde algunos poemas de *La destrucción*): alejamiento, ausencia, vacío, silencio, capacidad afantasmadora de toda humana realidad. *Que el hombre no existe*, ni *nunca ha existido*, es la sola verdad que es intuida como la gran *sospecha* de la luna («No existe el hombre» (I, 441-442). Y el hombre muerto, que antes hubiera sido el muerto o vivo (o sea, el en verdad viviente) sabe también que mi *corazón no existe* («Bajo la tierra», I, 449). O si existe, *el hombre está muy lejos*, como protagonista ínfimamente reducido de un «Mundo inhumano» (I, 469), título y tema de uno de los poemas más sombríos en esta dirección.

El léxico recoge, para expresar esa anulación tan violenta, todo un cúmulo de palabras y partículas consecuentemente negativas y privativas. En ninguna otra colección suya, el autor las ha prodigado más: *no, ni, nunca, jamás, nadie, nada, sin...* Y a veces entran en las rotulaciones mismas «Bulto sin amor», «Pájaros sin descenso». En éste último, el cuerpo desenamorado de la amada, y sus figuraciones simbólicas, son vistos, profusamente, como un cuerpo *sin espera, sin amores, sin sangre, sin vida* (I, 445-446). Se ha invertido así, y de un revés absoluto, aquella plenitud del cuerpo ardido triunfalmente por el amor en «A ti, viva» (de *La destrucción o el amor*).

Mundo a solas es el libro de más tensa belleza desolada de todo Aleixandre. ¿Y cuál es el destino que al ser humano corresponde, dentro de tal desolación, en el ejercicio de su voluntad cognoscitiva? Ningún destino: el del solo desconocer o ignorar, al sentirse amputado de toda vinculación amorosa con la realidad natural, de la cual ha quedado tan cruelmente aherrojado. Así, en «Pájaros sin descenso»:

> Por eso,
> tirado ahí, en la playa.
> Tirado allá después en el duro camino.
> Tirado más allá en la enorme montaña,
> un hombre ignora el verde piadoso de los mares,
> ignora su vaivén melodioso y vacío
> y desconoce el canon eterno de su espuma (I, 447).

Por eso también, en «Bajo la tierra», el allí yacente puede dirigirse de este modo a los que aún alientan sobre ella, la tierra, casi borrados en su mismo desconocimiento

No sois vosotros, los que vivís en el mundo,
los que pasáis o dormís entre blancas cadenas,
los que voláis acaso con nombre de poniente,
o de aurora o de cénit,
no sois los que sabréis el destino de un hombre (I, 450).

No hay así, para el existente, posibilidad alguna de conocimiento. Ni le es dable la luz, ni le es factible el saber: ése, y no otro, es su horizonte. Gustavo Correa ha resumido así el giro que se da entre éste y el libro anterior de Aleixandre: «El destino luminoso y ardiente de *La destrucción o el amor* se convierte en *Mundo a solas* en la imposibilidad del cumplimiento de dicho destino[6].

El apurar purgativo de la noche, y su silencio, es en este cuaderno, absoluto. Por ello tal perforante impulso no pudo sostener a su autor— vocado a la luz como pecado original— durante un largo tramo: en efecto, se trata de uno de sus libros más breves. Necesario le fue auparse enérgicamente sobre las sombras y alzarse a nuevas cimas, a una nueva y totalizadora aurora. Es el movimiento subterráneo que va de *Mundo a solas* a *Sombra del paraíso*.

6. CORREA: *Art. cit.*, p. 55.

Capítulo IV
Comunicación, historia: Reconocimiento

En la trayectoria poética de Aleixandre hay un momento dado, más bien un breve período, en que —como ya quedó indicado— aquel ensueño de conocimiento total que la absoluta fusión cósmica parecía conceder al hombre (y lo cual proveía el sustrato cosmovisionario y epistemológico de la gran época primera del autor) pareciera entrar en quiebra, en el sentido de no bastar o de no continuar definiéndose ya con visos de entera suficiencia. A partir de tal momento, y correlativamente, se le percibe, a ese hombre que hay en el poeta, proyectándose hacia el otro histórico en busca de un reconocimiento que a su vez le permita una forma inmediata y cabal de conocimiento propio. Ese período en que se incoa la nueva visión, y el correspondiente objetivo gnoseológico, se situaría, dentro de nuestro esquema, entre los años que van de 1939 a 1943 —lapso temporal en el cual ha de inscribirse la gestación de los poemas que integrarán *Sombra del paraíso*, publicado en 1944.

El poeta había atravesado ya aquella abisal noche interior que registraba *Mundo a solas* (1934-36), y de inmediato hubo de sumergirse en esa otra noche histórica, no menos densa, que representó el conflicto bélico civil (1936-39), y los oscuros y durísimos tiempos iniciales de la posguerra. Y ese poeta, que ha sufrido tales experiencias dramáticas y definitivas, ha de emerger de ellas, en condicionado movimiento compensatorio, tratando de encontrar, y de cantar, no al hombre abstractamente universalizado que se paseaba (fiel en esto también al ideario estético de la época) en las páginas de *Espadas como labios* y *La destrucción o el amor*, y que aún invertidamente —es decir, por ausencia— era negado en *Mundo a solas*. Por el contrario, el inevitable movimiento del espíritu se dirigirá ahora al rescate del hombre *situado*, que aún sentido siempre como partícula del mundo total, se advierte ya sustanciado sobre unas coordenadas, cada vez más precisas, de espacio y tiempo. No obstante, ese movimiento sólo se cumplirá, en progresivo y completo ahondamiento historicista, a lo largo de los otros libros que se alinean en esta segunda amplia zona aleixandrina: *Historia del corazón* (1954), *En un vasto dominio* (1962) y *Retratos con nombres* (1965). Conforme a ese ritmo, gradual, orgánico y matizado que rige la evolución de Aleixandre, en *Sombra del paraíso* la definición del hombre histórico, y su marcha indefectible hacia el encuentro con el otro, estarán poéticamente vislumbrados aún desde el entramado visionario y mítico general del libro, pero no por ello dejarán de hacerse sensibles.

Sombra del paraíso

Respecto a *Sombra del paraíso* seguirán siendo un valioso punto de partida, para comprender su indole axial, como de bisagra que cierra y abre las puertas de estancias vecinas en el vasto edificio de la obra poética de Vicente Aleixandre, las palabras con que éste orienta hacia el sentido último del libro: «canto de la aurora del mundo, vista desde el hombre presente, cántico de la luz desde la conciencia de la oscuridad» («Prólogo y Notas a *Mis mejores poemas*», II, 552). El gran tema del paraíso, en su doble perspectiva —individual (la infancia) y universal (el alba toda de la humanidad)—, es asumido desde un *ahora* marcado por la más tenebrosa desposesión. Vale decir que el canto de las míticas fuerzas aurorales de la vida y del mundo, que en *Sombra del paraíso* se contiene, resulta entonado aquí desde la pérdida de esa misma vivencia auroral y, por lo tanto, desde la historia. Sólo que la visión en sí del paraíso, y por contagio la transcripción poética de las áreas menos luminosas del presente, aparecen aún, en lo expresivo, tan radiantes, tan brillantes en el despliegue visionario de sus configuraciones simbólicas, que el libro cede fáciles (aunque no totales) vinculaciones de estilo con la poesía inmediatamente anterior del autor. No son pocos, así, los críticos que sitúan a *Sombra del paraíso*, y sin reservas sobre este punto, en la primera etapa de la órbita poética de Aleixandre. Y es que además, mirando hacia lo hondo, el tema cardinal y más llamativo del libro, pero que difícilmente puede aislarse con nitidez dentro de él —o sea, el tema del paraíso— es en sí mismo, y esto lo ha señalado certeramente Carlos Bousoño, «una consecuencia más de la concepción central aleixandrina, que mira lo elemental como el supremo modo de existencia»[1].

De ese modo, todas las composiciones de esta entrega que de una manera más directa —es decir: sin la excesiva intromisión turbadora del presente— remiten a dicha concepción centralizadora, o a la más genérica de la pureza original del mundo (intuiciones que nutrieron germinalmente aquella primera etapa) casarían en perfecto acuerdo con la orientación básica de la poesía hasta entonces conocida de Aleixandre. Así, por ejemplo, Gonzalo Sobejano, al observar con cuidado la pieza inicial del volumen —la titulada «El poeta»—, la describe con términos literalmente asimilables a los que, en el capítulo anterior, hemos empleado para caracterizar el impulso esencial del primer Aleixandre. Sostiene este crítico que, en ese texto, el objetivo del autor será demostrar (y los subrayados en la cita son nuestros, para resaltar las coincidencias) «que para posesionarse de la fuerza de la vida es menester pasar más allá de las palabras y *comulgar* real e inmediatamente con la naturaleza, pues no otro sentido que el de esa *comu-*

---

1. BOUSOÑO: *Op. cit.*, p. 86.

nión sugieren los versos últimos de "El poeta" en que el cuerpo del hombre se estira desde los pies remotísimos hasta las manos alzadas de la luna (...) cubriendo la extensión del orbe en *un abrazo fundente*»[2]. Comunión con la naturaleza, fusión con el mundo: las mismas cósmicas aspiraciones de todo el ya extenso lirismo anterior del poeta. En «Mensaje» podrá todavía seguir definiendo al amor como *cósmico afán del hombre:* y allí aún se incitará a los hombres a arrojar *los artefactos tristes, las tristes ropas, y* a que, *desnudos de majestad y pureza frente al grito del mundo,* lancen sus cuerpos hacia la identificación unitaria con el abismo final e inviolado del universo (I, 548). Es la misma exaltación de la desnudez y la pura elementalidad natural, el mismo rechazo de toda la artificialidad deformante y vacía con que los humanos han manchado aquella elementalidad virgen y primera del mundo. Estamos aún, idénticamente, ante la gran tesitura ética y emocional que le acompañaba, al poeta, desde los tiempos de *Espadas como labios*.

No hay por qué seguir insistiendo en los comunicantes vasos de continuidad que *Sombra del paraíso* arroja con respecto a los libros que le anteceden, cuestión bien resuelta por la abundante crítica. Por el contrario, se impone el riesgo de afirmar que, visto ese cuaderno en relación a todo lo que vendrá después dentro del trabajo poético del autor, y de modo particular en conexión con las modulaciones correspondientes del específico problema del conocimiento, es más lo que *Sombra del paraíso* abre que lo que continúa y culmina. Pues el paraíso aquí evocado no es percibido nunca como entidad fáctica o suficiente, y ni siquiera como utopía futura —como sí podía concebirse aquella entrevista fusión cósmica de antes—, sino en calidad de recuerdo y nostalgia, no por luminosos menos cargados de dolor. Y es que en esa recreación del paraíso no queda en ningún momento olvidado que se la arma, como ya se dijo, desde un *hoy* de pérdidas y negatividades, con lo

2. Sobejano: «*Sombra del paraíso*, ayer y hoy». *Cuadernos Hispanoamericanos* (núm. citado en el capitulo I, nota 1), p. 371.

que el acento se tiñe, no ya de vaga melancolía, sino de un espeso poso elegíaco. Y en ese mismo impulso, el poeta, al cantar una pérdida, propone sutilmente, como mecanismo compensatorio, la necesidad de una nueva búsqueda, de un nuevo horizonte en el nunca saciado apetito cognoscitivo y de identificación que habita en el hombre.

Hay en *Sombra del paraíso, y* dentro de tal dimensión más panorámica y abarcadora respecto a la obra total de Aleixandre, un conmovedor poema que no sin motivos clausura la colección: «No basta». Allí se avisa ya, y de modo afilado y preciso, sobre la insuficiencia de aquella otra suerte de identificación, cósmica y pánica, a través de la cual el poeta, en un ayer inmediato, había tratado de salvarse y conocerse. Tal insuficiencia comienza a insinuarse así, dentro del poema: *Sobre la tierra mi bulto cayó. Los cielos eran / sólo conciencia mía, soledad absoluta* (I, 596). La realidad primera del mundo —aquí convocada por la presencia de la tierra y los cielos— no se presenta ahora como meta de la unitiva proyección amorosa ansiada por el hombre, sino como un cuerpo resistente y opaco, acaso con no otra existencia que la de una pura creación de la conciencia a solas. Se trata de la contrapartida, inextricable, de aquel anterior *mundo a solas*, deshabitado por el hombre, sólo que la perspectiva ahora, y ello es significativo, está asumida contrariamente desde el costado de éste —es decir, del hombre mismo—: es él quien sí existe, aunque precariamente, sobre una realidad difuminada, desvanecida, insuficiente. El poeta continúa, algo más adelante, ahondando en su sospecha de *que el mar no baste, que no basten los bosques, (...) que no baste, madre, el amor / como no baste el mundo*. Se define ya aquí, y muy diáfanamente, la crisis de aquella fe en la amorosa unidad del universo, pues debe observarse cómo en el final quedan de modo explícito abolidos tanto el amor como el mundo: la vivencia y la realidad últimas que siempre permanecían incólumes y redentoras en el Aleixandre anterior.

Ante esa crisis, el hombre habrá de asumir ahora una más modesta y entrañable forma de conocimiento y salvación: la que le ofrezcan los otros hombres, como sostén mutuo dentro del común desvalimiento que a todos une en la orfandad y desasimiento de su «intrascendente» condición. Este nuevo rumbo se advierte mejor, naturalmente, desde nuestro momento, con toda la obra posterior de Aleixandre a la vista. Sobejano, en su artículo mencionado, señala con exactitud lo que, en tal sentido de futuridad, este libro aporta: cómo en él «aflora, sin cobrar aún desarrollo, la solución ética, social, histórica: entre la inmanencia cósmica y la trascendencia divina, la intertrascendencia humana». Y no vacila por ello en sostener, y es un juicio con el que hay que asentir plenamente, que de «este comienzo de la vía intermedia» (o sea, la «intertrascendencia humana») es de donde dimana «el carácter céntrico o crucial de *Sombra del paraíso* en la producción de Aleixandre»[3].

El poema que se va comentando, «No basta», ha sido por lo común interpretado, y de modo correcto, en una dimensión trascendente o metafísica, e incluso ya derechamente religiosa, pues no en balde allí se habla dolidamente del «vacío de Dios» y de la «ausencia de Dios». Hay que advertir, además, que tampoco basta (en un verso que hemos extraído intencionalmente de la última cita, pero que no es posible soslayar) *una mirada oscura llena de humano misterio*, con la obvia conclusión de que al poeta no le basta nada de lo que hasta allí ha tenido a su inmediato alcance. Leído en sus estrictos contornos, este poema, y algún otro de *Sombra del paraíso* («Destino de la carne», por ejemplo), admiten ciertamente esa interpretación metafísico-religiosa, y nada hay que oponer a ella, pues la misma crispación ante el silencio de Dios reaparecerá en algún texto —«Comemos sombra»— de *Historia del corazón*. Contrastada, sin embargo, sobre el contexto dinámico de la poesía posterior de Aleixandre —realista, historicista, tempora-

3. *Ibid.*, p. 380.

lista y solidaria— esa insuficiencia en la totalidad que esta pieza («No basta») suscribe, aparecerá como la secreta fuerza motriz que a su autor llevó a explorar nuevos modos de identificación y reconocimiento más inmediatos, hacederos, reconfortantes y «reales». Es verdad que el verso suprimido por nosotros *(una mirada oscura llena de humano misterio)* parece implicar, si bien por negatividad, una posible presencia amorosa; y de la fuerte presencia del amor se colmará precisamente la nueva poesía que a partir de *Sombra del paraíso* —en rigor: desde ciertas parcelas de este libro— estaba iniciando entonces Aleixandre. Pero en esta nueva poesía, el amor humano, encarnado en la compañía de la pareja, no se presentará ya bajo ese prisma de tenebrosidad o enigma que tal verso sugiere; antes, por el contrario, se ofrecerá como apoyo, seguridad y confianza: la persona amada no será ya, en *Historia del corazón*, sino la más cálida y próxima concreción de la otredad humana.

A consecuencia de este requerimiento que ese otro históricamente humanizado hace ya al autor de *Sombra del paraíso*, éste inicia aquí —y tal inicio se sitúa de modo adecuado en la sección última del libro— un vigoroso gesto indicativo hacia muy concretos personajes humanos, si bien algunos de ellos dotados aún del agigantador tratamiento cósmico que era habitual, y necesario, en su poesía anterior: el padre, la madre (aunque ésta se esboza en una ambigua y feliz interpenetración poética de la madre con la tierra), los «hijos de los campos». Pero éstos, los «hijos de los campos», título de un poema de dicha sección final, merece un breve detenimiento. En su limpia desnudez, los campesinos, madurados por el sol diario, llegarán a hacerse *oscuros y dulces / como la tierra misma* (I, 584). Mas el poeta los ve —pero a *ellos* ya en sí, en su esfuerzo y en su limitación, y no sólo en tanto que puras emanaciones de la tierra— como *la verdad más profunda y* como la *certeza única* de sus ojos. Por eso no los contempla sólo en su condición de *musculares, vegetales, pesados* —esto es, idénticos o semejantes al mundo de la realidad natural de donde han brotado—, sino que también los percibe *tenaces como el arado que vuestra mano conduce.* Se introduce así, en la definición del ser y el tiempo humanos, la dimensión del trabajo y el esfuerzo, en un audaz anticipo de lo que será uno de los grandes temas de *En un vasto dominio*, casi veinte anos después.

Esta misma dialéctica entre ontología telúrica y concreción histórica —que es más bien transición, gradual esguince de uno a otro de los dos polos centrales de la cosmovisión aleixandrina— se repite en el poema «Al hombre». Se ha reparado siempre frente a este texto, y porque en ello se reafirma la continuidad con uno de los módulos más persistentes de esa cosmovisión, que en él se descubre, especialmente hacia su término, una levantada exaltación de la tierra como *certera patria*, origen y destino del hombre: *He aquí la inmensa madre que de ti no es distinta. / Y, barro tú en el barro, totalmente perdura* (I, 577). Sin embargo, debe observarse con la misma precisión que el poeta, en el transcurso de la composición, ha puesto análoga pulcritud en destacar el *momento* histórico, y por ello diferenciado y único, que cada vida de cada hombre significa: *Por un soplo celeste redimido un instante, / alzas tu incandescencia temporal a los seres;* y cómo, por esa incandescencia, la masa corporal humana, en tanto que existente, se yergue entonces *diferente sobre la tierra madre.* Se trata de otro clarísimo anticipo de una de las ideas matrices de *En un vasto dominio*, como ha señalado Leopoldo de Luis, quien ha observado cómo la fundamentación última de este poema habrá de encontrar su más completo desarrollo en la primera parte del libro recién mencionado[4].

Pero he aquí, ampliando esa misma observación del citado crítico con todas las cautelas que aconsejan los claros enlaces de *Sombra del paraíso* con la poesía anterior de Aleixandre, la novedad mayor de este volumen. Esta novedad consiste en atender a ese

---

4. VICENTE ALEIXANDRE: *Sombra del paraíso*. Edición, introducción y notas de Leopoldo de Luis (Madrid: Castalia, 1976), p. 170.

instante históricamente diferenciador que es el vivir humano, cada vivir humano; y ello, sobrepuesto a aquella poesía cósmica y genérica que va quedando atrás, será quien dé su mayor singularidad a *Sombra del paraíso*. Porque el poeta, antes de proyectar su atención a los otros, para reconocerse en ellos, ha tenido que mirar a su propia vida; y aquí y allá ha ido incrustando datos de esa su vida en la recreación visionaria y mítica del paraíso que este libro levanta. Crece así en la poesía aleixandrina —en verdad: puede decirse que aquí comienza y de un modo, insístase, levemente gradual— algo que, a falta de rotulación más idónea, cabría designar como un intento de concreción tanto espacial como temporal. No ha pasado desatendido tal punto, pero conviene destacarlo, pues corrobora esa singularidad con que se perfila este cuaderno en la obra de Aleixandre.

Una buena parte de los poemas está dedicada a pergeñar, siempre bajo especie sostenida de visión, el intransferible paraíso histórico de la propia existencia: la niñez del autor. Y son tan característicos esos poemas que con ellos pudo él mismo organizar después una entrega exenta, sus *Poemas paradisíacos*, que vio la luz en su «ciudad del paraíso», Málaga, el año de 1952. Hay en esos textos ligerísimas aunque continuas referencias que, si no desembocan en ninguna suerte de geografismo o localismo explícito (lo cual apenas sucederá en Aleixandre), contribuyen a otorgarle al poema la naturaleza de un testimonio personalísimo, suscrito desde un yo donde el hablante poético no puede ser entendido más que como el mismo hombre histórico, habitador de unas determinadas circunstancias, que tal poema escribiese. Véanse algunas instancias. En «El río» se invoca al *río matinal que atravesaste mi ciudad inocente* (I, 495). En «Mar de paraíso» se asocia ese mar, como vivencia cotidiana, con *aquella remota infancia de delicias* que el poema evoca (I, 535). Y ya en «Ciudad del paraíso» será ésta la *ciudad de mis días marinos, y* aún más: *la ciudad madre y blanquísima, donde viví y recuerdo* (I, 582). Claro es que un cierto distanciamiento —o pudor— estético impide la explicitud onomástica (todas las identificaciones textuales de esas referencias como dirigidas al mundo malagueño en que transcurrió la infancia del poeta, proceden de dedicatorias y declaraciones posteriores de éste), pero ello no es ni líricamente necesario ni obstruye la general impresión de sentir cómo los pronombres personales inmediatos *(yo, tú, ti) y* los determinativos posesivos correspondientes *(mí, mío, tuyo)* avanzan con una mayor rotundidad y nitidez, definiendo o delimitando un concreto *espacio* poético e histórico hasta entonces ausente en la poesía de Aleixandre.

Porque ese espacio es también histórico, y por aquí asoma aquella otra modalidad de concreción que ya se advirtió: la temporal, tan notoria o más que la concreción espacial. Siguiendo la observación del propio Aleixandre, antes transcripta, donde daba cuenta de cómo su canto de la aurora del mundo emergía «desde el hombre presente», se ha hecho notar siempre, con correcta insistencia, cómo es esa perspectiva continuadamente contrastada entre tiempo pretérito y tiempo actual, lo que da al libro su carácter más complejo y dramático: su tono a la vez de elegía y de sutilísimo e implícito documento. Los adverbios temporales *(hoy, ahora)* y, de la otra parte, las voces semánticamente opuestas *(lejos, remoto, lejana)* avisan, de modo persistente y oportuno, de ese asendereado ir y venir, por el espíritu, entre un presente sombrío y un estadio anterior y pleno de luz, mítico o utópico —pues la utopía está aquí en el pasado—. Y a través de esos dos tiempos —pasado y actualidad— circula y se hace tangible el sentimiento de la temporalidad, otra de las ganancias con que *Sombra del paraíso* enriquecerá, y ya definitivamente, no como simple anuncio, el orbe poético aleixandrino. En «Criaturas en la aurora», después de desplegar la orquestada y minuciosa luminosidad de un mundo prístino y virginal —morada de los hombres primeros, felices y puros—, será uno de esos adverbios quien nos precipita verticalmente hacia el momento actual y oscuro desde donde aquel otro mundo de luz es intuido y evocado: *No, no es ahora cuando la noche va cayendo / (...) cuando yo correré tras vuestras sombras amadas* (I, 489). Y lo mismo, casi arquetípicamente, en «Primavera en la tierra». Tras dar aquí constancia literal del *mundo que yo viví en los alegres días juveniles*, viene, sin solución de contigüidad, la brusca caída en la historia: *Hoy que la nieve también existe bajo vuestra presencia, / miro los cielos de plomo pesaroso...* (I, 521). De modo inverso, la visión fulgurante del paraíso se sitúa siempre en un momento muy distante, y por ello perdido, del pasado: *Pero lejos están los remotos días / en que el amor se confundía con la pujanza de la naturaleza radiante / y en que un mediodía feliz y poderoso / henchía un pecho con un mundo a sus plantas* («Poderío de la noche» (I, 503).

A veces la concreción temporal adquiere aún mayor explicitud. «Al cielo» parece hasta querer datar su propia redacción cuando el poeta hace directa referencia al *agitado corazón con que estos años vivo*, y aún más, cuando alude a la específica etapa biográfico-temporal desde donde está hablando: *Reciente la historia de mi juventud, alegre todavía / y dolorosa ya...* (I, 589). No será necesario —debe aclararse: tampoco inadmisible si no se fuerzan las interpretaciones— tratar de «circunstanciar» raigalmente a *Sombra del paraíso* dentro del contexto histórico de la España posbélica en que se concibió y escribió. Pero, independientemente de ello, no cabe duda de que en sus páginas —y desde aquí, para el resto de la poesía futura de su autor— la dimensión aguda y punzante de la temporalidad está ya definitivamente instalada en esa poesía. Incluso dentro de la órbita personal de Aleixandre, las alusiones temporales aportan una clave de exégesis para sus propias incidencias históricas y poéticas. Como aludiendo a aquella crisis de fe en la identificación *hombre-mundo* que se abría paso en *Mundo a solas*, estos versos del poema «Casi me amabas» se adelantan ahora como un gesto de estricta autobiografía humana y lírica:

> Yo llegaba de allí, de más allá, de esa oscura conciencia
> de tierra, de un verdear sombrío de selvas fatigadas,
> donde el viento caducó para las rojas músicas;
> donde las flores no se abrían cada mañana celestemente
> ni donde el vuelo de las aves hallaba al amanecer virgen
> [al día (I, 522).

Pero desde esa sombría *conciencia de tierra* —de una tierra deshabitada ya por el hombre, y aun por el esplendor de la misma naturaleza—, el poeta tuvo imperativamente que erguirse. De un lado, para contemplar y describir visionariamente el gran aluvión de intensa luz blanca —de luz matinal y de luz meridiana— que le llegaba, nostálgicamente, de aquel resplandor primero del mítico paraíso: nunca, como en estos poemas paradisíacos, la palabra poética de Aleixandre ha sonado con tan contagiable belleza expresiva, tan impregnada de auroral luminosidad. Del otro, para ensayar un ademán de aproximación y apoyo en su propia historia —no importa lo precaria y en tiniebla que ésta se le presentase en tal momento— y, aun acaso con más fuerza, de sostén en las otras presencias humanas que le rodeaban y cercaban su vivir.

Y es que aun se siente vibrar, en su demanda del amor, un ansia de muy corpórea tangibilidad, de humanísima concreción. No como algo identificable a un astro lejano querrá ya al ser de la amada: *Aquí en la hierba / sea cuerpo al fin, sea carne / tu luz*. En este mismo poema, «No estrella», el poeta esgrime su credencial mayor: su propia y terrena humanidad. Así concluye ese poema: *Humilde, / tangible aquí la tierra / te espera: Un hombre te ama* (I, 509). Y en «Plenitud del amor» se inscribe la certeza última, la posesión al fin del conocimiento verdadero que se da en el salto hacia el otro amoroso, concreto y material: *Ah la verdad tangible de un cuerpo estremecido / entre los brazos vivos de tu amante furioso* (I, 538). Y aun la luna, aquel símbolo de la desposesión y la insustancialidad ontológica en *Mundo a solas*, se aprehende ahora como igualmente tangible y hecha a la medida del hombre: *Y tú, secreta luna, luna mía, / fuiste presente en la tierra, en mis brazos humanos* («Luna del paraíso», I, 530). Y por fin, en el cierre del libro, el otro múltiple pero igualmente temporal y concreto: el padre, los hijos de los campos, el hombre como momento histórico y por ello diferenciado de la madre tierra sustentante.

La nueva perspectiva que va abriendo la poesía de Aleixandre —humanista, existencial, histórica— queda algo más que insinuada en *Sombra del paraíso.* Por ello acierta Pere Gimferrer cuando propone que «los problemas exegéticos que planteó la inserción de *Historia del corazón* en la trayectoria del poeta (...) si bien surgieron más agudamente a raíz de dicho libro, hubieran podido concernir ya a *Sombra del paraíso*»[5]. Y es que el hombre de aquellos años, espoleado por una cruda conciencia temporalista y existencial (se está ya en la posguerra española, y en los albores de la otra, y segunda, posguerra europea y mundial) depone —hasta donde es posible: nunca del todo en Aleixandre— ímpetus de más definida trascendencia metafísica —siquiera, como en él, de una metafísica de la materia. Y se reclama, con mayor necesariedad, alguna forma de *histórica* y más accesible identificación, que sólo aparecerá como posible en el encuentro con el yo situado y con el otro humano. Encuentro que es, de tal modo, proyección del ser en la historia y en el prójimo: ademán que implica comunicación y, en último término, reconocimiento —esto es: conocimiento más firme, entrañado y ratificado. «Y el poeta, cumpliéndose —aclara Aleixandre, refiriéndose explícitamente a ello— ha trascendido, en un acto de fusión con lo otro (el universo, los hombres) que es también un acto de propio reconocimiento» («Prólogo y Notas a *Mis poemas mejores*», II, 539).

5. GIMFERRER: *Op. cit.* (Véase Cap. II, nota 1), pp. 19-20.

Nacimiento último

Con posterioridad a *Sombra del paraíso*, y sólo un año antes de *Historia del corazón*, Aleixandre entregará a las prensas el único de sus libros que no constituye un cuerpo orgánico y centrado en sí mismo: *Nacimiento último*. Por su carácter heterogéneo, este libro se nos escapa, con vistas a nuestro tema, a la necesidad de una atención particular. Desde un extremo, el que mira al pasado, porque continúa tensiones centrales de su poesía anterior. Así, sobre la sección titular del libro, *Nacimiento último*, habría que repetir, tal vez extremando o afinando los señalamientos, mucho de cuanto pueda decirse sobre la muerte como meta de la ansiada deslimitación unitaria, que subyace en la problemática de la fusión con el cosmos como vía de conocimiento total, cuestión ya analizada. En ese mismo sentido, el apartado último, «Cinco poemas paradisíacos», persiste, como su título declara, en el tema y visión del paraíso, acaso sólo diferenciados respecto a los correspondientes del libro anterior por aparecer ahora como más difuminado el nivel contastador y patético del presente. Y desde el otro costado, la serie de «Retratos y dedicatorias», escrita a lo largo de muchos años, anticipa la disposición del poeta a mirar y describir, bajo el efecto de la admiración y la amistad, a muy concretas figuras literarias que, en la lectura o en el trato, se han cruzado por su vida: se trata de la misma disposición que, en un espectro más amplio, dará cuerpo, bastantes años después, a *Retratos con nombre*.

Sólo cabe destacar, en el poema inicial de la colección («El moribundo»), cómo en el paso de la primera a la segunda de sus partes, Aleixandre sigue y recrea rigurosamente el inexorable destino de las «Palabras» (I) en su camino hacia «El silencio» (II). Ese mismo destino, que ya se vio latente en algunos textos significativos de su obra primera, vertebrará, mucho más tarde, algunos de los momentos más intensos de sus libros últimos. Así, la fidelidad y coherencia —la fatalidad— de Aleixandre a sus motivaciones mayores, quedan en *Nacimiento último*, y a pesar de ese carácter heteróclito que indudablemente posee, de muy diáfana manera tensa y salvadas.

Historia del corazón

El nuevo giro poético que apuntaba en *Sombra del paraíso*, no cuajará definitivamente, sin embargo, hasta *Historia del corazón*. Este libro define el verdadero arranque de la que, haciendo uso de un módulo definitorio del pensamiento de la época, podría tildarse como la poesía *historicista* de Aleixandre.

Se está ya en la década del 50, cuando el autor prodiga de modo generoso, y bajo formulaciones sólo levemente diversas, su *dictum* de que «poesía es comunicación». Entre 1948 y 1960, en efecto, son reiteradísimas sus declaraciones en tal sentido, y se transcriben a continuación algunas de ellas. De 1949: «...y en este poder de comunicación está el secreto de la poesía, que, cada vez estamos más seguros de ello, no consiste tanto en ofrecer belleza cuanto en alcanzar propagación, comunicación profunda del alma con los hombres». («En la vida del poeta...», II, 400). En 1958 sostiene explícita y rotundamente que «poesía es comunicación» («En un acto de poesía en la Universidad de Sevilla», II, 670). Pero que tal lema, no siempre correctamente interpretado en esos años, implicaba algo más hondo y sustancial —ese *algo* que se va persiguiendo en estas páginas— lo revela el final de otro texto en prosa de este mismo período («Poesía, comunicación»), de 1951. El escritor imagina allí un diálogo lírico-reflexivo que finaliza de este modo: «—¿Qué es para usted entonces la poesía? —Una forma del conocimiento amoroso» (II, 699). Es decir, un breve artículo que parecía abrirse, desde su título mismo, como una defensa de la comunicación, remata con la proclamación del conocimiento como fin último de la poesía. Y si se insiste en este punto, es para devolver a sus justos límites el entendimiento aleixandrino de la comunicación, no como una empresa opuesta a la faena ardua y primera del conocimiento, sino como un modo *cordial* de éste —al menos en la zona de su obra donde ahora nos hallamos, que únicamente se rebelaba contra la investigación poética solipsista, «exquisita» y hermética.

A la luz de la lectura que aquí se va proponiendo, este énfasis en la comunicación, no siempre rectamente entendido como se acaba de indicar, ha nacido en rigor de un estímulo que no es producto de una coyuntural necesidad histórico-estética (como lo fue, por ejemplo, la voluntad de hablar «para la inmensa mayoría»). Pues Aleixandre, en esas mismas declaraciones suyas de entonces, si bien une copulativamente «poesía» y «comunicación» (no poesía y contenido, o poesía y mensaje), era bien consciente de que aquélla sólo se cumple, sólo *se hace*, a partir de impulsos y a través de medios que le son excluyentemente intrínsecos. Valdrá la pena no olvidar un poco difundido consejo suyo que, sin embargo, se contiene en el mismo texto («Poesía, moral, público») de donde, más atrás, hemos extraído otras opiniones. Escribe allí: «Conviene recordarlo siempre. En poesía, el contenido, por densidad que pretenda poseer, si carece de la irisación poética que hubiera hecho posible tanto su alumbramiento como su comunicación, no existe. Es una gárrula suplantación» (II, 662). Es, por tanto, desde otro nivel —no opuesto, pero sí más allá de una circunstancial profesión de poética «mayoritaria»— donde habrá de buscarse la razón última por la cual Aleixandre, que en el pasaje anterior ha dado una categoría superior y apriorística a lo que él llama la «irisación» o el «alumbramiento», exalta no obstante la comunicación, y con la firmeza que es de todos conocida.

Y es que ese impulso, el de la comunicación, se le presenta como otro medio de designar el apetito de identidad, personal y comunitaria (esto es, compartible), que sólo se logra en el reconocimiento. La palabra —el único instrumento que como poeta posee para tenderse hacia los hombres— se le convierte entonces en la pátina o espejo que ha de bruñir con aquellas tensiones (el tiempo, la historia, el amor, la solidaridad), para que los otros, al reflejarse en ese espejo junto al poeta, vean devueltas en una sus múltiples imágenes respectivas. La poesía se hará así el cumplimiento de una comunidad de condición y destino, que a todos dé siquiera una brizna de luz hacia su pequeña pero unánime verdad.

Historia del corazón ofrece el más amplio registro de ese ardoroso afán de reconocimiento; y Carlos Bousoño dedica toda una sección («Colectividad y reconocimiento»), de su libro citado, a documentar tal designio en dicho volumen del poeta. La expresa voz, *reconocimiento,* se repite tercamente. En «El poeta canta por todos» se convoca a ese único corazón unánime del ancho mundo humano *donde tú puedes escucharte, donde tú, con asombro, te reconoces* (I, 727). Es el mismo movimiento que en otra pieza, «En la plaza», declara que allí, entre todos, *cada uno puede mirarse, y puede alegrarse y puede reconocerse* (I, 712). Y ya en el terreno de la inmediata relación con la persona amada, y en el poema «La explosión», la vida es concebida como *una gran tarde del amor,* bañada de *una gran luz en que los dos nos reconociéramos* (I, 771). Que ese reconocimiento entraña literalmente conocimiento en su sentido más profundo, lo reafirma el final de una glosa del propio Aleixandre a otro poema del libro, «Mano entregada». En el contacto prolongado con esa mano amada, dice el autor que siente «la invasión misteriosa, el adentramiento inexplicable, la comunión en el silencio del puro amor, en fin, el conocimiento». («Dos poemas y un comentario», II, 654). Y precisamente a un texto de *Historia del corazón* («La oscuridad») pertenece aquel verso, muy al principio adelantado: *Conocer, penetrar, indagar: una pasión que dura lo que la vida.* Recuérdese que de allí se partió, casi como un axioma, en nuestra exploración por la poesía aleixandrina.

Escribía José Ortega y Gasset —y los subrayados en la cita, por convenientes, son nuestros—: «Ahora necesitamos aprender que sólo somos definitivos cuando henchimos bien el *perfil transitorio* que nos corresponde; es decir, cuando aceptamos nuestro tiempo como nuestro destino, sin nostalgias ni utopismos. Que no me explique yo demasiado mal. Sentir nostalgias y utopizar son dos cosas perfectamente lícitas en que se manifiesta una *vitalidad poderosa.* Lo que importa es que nuestra actitud no dependa de ellas, que no se vivan ni de ellas ni para ellas, porque entonces son síntomas de debilidad. La vida es siempre un *ahora;* nostalgias y utopía son fugas del ahora»[6]. Es evidente que el paso decisivo implicado por *Historia del corazón* no es otro que la aceptación por el hombre —por el poeta— de su «perfil transitorio». Aleixandre había sido, hasta entonces, un entusiasta constructor de utopías —su principio poético de la unidad amorosa del mundo habría de ser entendido como tal— y de nostalgias, como en *Sombra del paraíso.* Se hace obligado aclarar, no obstante, la perfecta licitud de ambas disposiciones pues en ellas, ya el propio Ortega lo precisaba, lo que se pone de relieve es la «vitalidad poderosa» de un espíritu. Pero no hay que permanecer detenido en tales fugas, por vigorosas que se nos aparezcan (y lo son en Aleixandre), ya que entonces sí fuese posible el quedar preso en la propia debilidad. Por el contrario, y ello es lo que ocurre en *Historia del corazón,* habrá de asumirse como definitivo nuestro ahora, y buscar en los otros, que de ese ahora también participan, el plural destino comúnmente compartido. De este situarse de consciente y decidida manera frente al tiempo, frente al tiempo de todos, le nacen a esta segunda poesía de Aleixandre sus más señaladas características generales: realismo, historicismo, vibración últimamente existencial y ética, solidaridad y signo ampliamente humanista y aun social.

6. ORTEGA Y GASSET: *Obras completas* (Madrid: Revista de Occidente, 1964-1967). Vol. II, p. 722.

Donde, dentro de este libro, pareciera el autor extraerle al nuevo tema sus proyecciones más trascendentes y universales es en su apartado final: «Los términos». Se adensa aquí una teorética positiva y áspera a la vez —es decir: real— del existir del hombre. Y éste es presentado, en más de una ocasión, como un largo movimiento hacia arriba, como un camino de impulso ascensional, en imagen simbólica que persistirá hasta *Poemas de la consumación.* La vida es sentida así como un proceso de construcción, de enriquecimiento continuo: *Todo ha sido ascender, hasta las quebradas, hasta los descensos, hasta aquel instante que yo dudé, y rodé y quedé...* («Ascensión del vivir», I, 786). Ese largo, lentísimo ascender —el vivir— se constituye, de este modo, en una incorporación progresiva de conocimiento, de sabiduría, de plenitud; y su única coronación posible (*coronación:* palabra que, siempre referida a ese momento último, se reitera en estos poemas) será la muerte: el estadio de la contemplación sabia y veraz, del reconocimiento absoluto —y ya el título del poema que clausura el libro es muy ilustrativo: «Muerte y reconocimiento (Mirada final)». Aquí está, convertido en sustancia de poesía, uno de los puntos que con mayor clarividencia reaparece en el pensamiento existencial contemporáneo: la muerte no es la negación de la vida, es su cumplimiento máximo; sólo con la vista puesta en ella, podrá el hombre apurar el sentido esencial de su propio existir. No se trata ya, como en la poesía anterior del mismo Aleixandre, de la muerte como acto de deslimitación en una entidad cósmica y diluyente, sino el redondeamiento por fin totalmente lúcido de la propia conciencia personal: *cuando en el fin me conozca, cuando me reconozca y despierte...* (I, 790).

En toda la sobrecarga conceptual hacia la que se inclina *Historia del corazón* queda vencido de antemano el grave, casi insoslayable riesgo que comporta una lírica dotada de esa naturaleza: el posible rigor lógico. Para ello, el mecanismo expresivo de Aleixandre va sufriendo, de modo correspondientemente paralelo a la evolución de su visión básica del mundo, una abertura gradual en dirección a la claridad y la más directa inteligibilidad. En tal sentido, la imagen perderá aquel carácter de ecuación sintetizadora y aun hermética que tenía en *La destrucción o el amor,* y devendrá un idóneo instrumento más de la clarificación deseada, que nos alza y dibuja el pensamiento implícito en formas de preciso y destacado relieve. A ello se añadirá, en análoga función ancilar, el lento crecimiento de las mismas configuraciones imaginativas, su desarrollo complacido y moroso. Esta lentitud, si por un lado atrae inevitables peligros (y no es el menor de ellos la cadencia retórica con que pueda ser percibida por el lector), permite, por otro, matizaciones muy oportunas y esclarecedoras de ese mismo pensamiento implicado. Obsérvese, como buen ejemplo, este pasaje en que el poeta se propone plasmar la coincidencia simultánea entre la instantaneidad y la duración del amor —que en este caso valen tanto como las de la total existencia:

Ya sé que todo esto tiene un nombre: existirse.
El amor no es el estallido, aunque también exactamente
[lo sea.
Es como una explosión que durase toda la vida.
Que arranca en el rompimiento que es conocerse, y que se
[abre, se abre,
se colorea como una ráfaga repentina que, trasladada en
[el tiempo,
se alza, se alza y se corona en el transcurrir de la vida,
haciendo que una tarde sea la existencia toda, mejor
[dicho, que toda la existencia
[sea como una gran tarde,
como una gran tarde toda del amor, donde toda
la luz se diría repentina, repentina en la vida entera,
hasta colmarse en el fin, hasta cumplirse y coronarse
[en la altura

y allí dar la luz completa, la que se despliega y traslada
como una gran onda, como una gran luz en que los dos
[nos reconociéramos.
(«La explosión», I, 771)

Hay aquí dos juegos imaginativos fundamentales, que a su vez podrían descomponerse en otros menores y más sutiles entretejidos en ellos: el amor-explosión, enriquecido por la imagen de la *ráfaga;* y la tarde del amor-existencia, sobre la que viene a superponerse la idea poética de una luz que crece hasta su coronación última y completa. Por su parte, cada una de estas imágenes (ráfaga, luz) es sometida a un desarrollo minucioso, exhaustivo, explorador de todas sus posibilidades. La caridad expresiva, que se manifiesta ahora por ese afán de claridad, se cumple extremosamente en estos dos versos del pasaje reproducido, los cuales introducen de franca y abierta manera la sugestión final que el poeta no puede ni quiere reservarse: (la explosión) *se colorea como una ráfaga repentina que, trasladada en el tiempo, / se alza, se alza y se corona en el transcurrir de la vida...* No hay aquí lugar para dudas, después de ese brevísimo pero explícito inciso intercalado («trasladada en el tiempo»), de que es una integración espacio-temporal lo que constituye el eje de todo el pasaje: las imágenes espaciales son sólo el obligado tributo que el lenguaje poético tiene que rendir a su misma limitación, y es sustancialmente una realidad de tiempo lo que se desea erguir y situar ante nuestra contemplación.

Porque el amor —el amor humano en su dimensión más entrañable: el amor de la pareja—, y en consonancia justa con esa atmósfera temporalista que impregna al libro todo, es intuido aquí también como un esfuerzo que se resuelve en la compañía: se trata del estar continuadamente, a través del tiempo, frente y junto a la realidad existencial del ser amado. Aquel chispazo instantáneo, arrebatado y destructor de la unión física o carnal, dominante en su ígnea poesía juvenil —unión que era sentida como «simulacro», escribía sobre ella Aleixandre, de la fusión cósmica absoluta— es sustituido ahora por la intuición de una marcha paralela e igualmente despaciosa entre los amantes. Como se vio en el fragmento reproducido de «La explosión», el amor, así concebido, es quien actuará aquí como la fuente de mayor luz, de verdadera luminosidad, en esta modalidad de la visión del mundo del autor: será esa *gran luz* del doble y mutuo reconocimiento de quienes, apoyados en el amor, se acompañan a lo largo del vivir. De tal modo, este sentimiento depondrá aquella urgencia deslimitadora de antaño, para convertirse —sabiamente— en un acto prolongado de conocimiento. También modestamente, con más humana moderación: *Pero no nos engañemos, no nos crezcamos. / Con humildad, con tristeza, con aceptación, con ternura, / acojamos esto que llega. La conciencia súbita de una compañía, / allí en el desierto* («Entre dos oscuridades, un relámpago», I, 781). La gratitud ha de acompañar entonces a ese momento —a ese logro— definitivo del serse y el conocerse por el amor: *A ti, mi compañía, mi sola seguridad, mi reposo instantáneo, mi reconocimiento expreso donde yo me siento y me soy.* Desde todos los ángulos, se está ante esa ardua conquista que suponen, y no irónicamente, la reducción de los sueños y la asunción valerosa de los límites temporales. *Historia del corazón* es, así, el libro más inmediatamente humano y más hondamente conmovido en la obra toda de Vicente Aleixandre

Lo es incluso cuando, quebrando ese henchimiento sereno de su perfil transitorio que el volumen acoge, el poeta rasga su queja hacia la siempre ignota trascendencia. Es el papel que, dentro del conjunto, corresponde a «Comemos sombra», colocado, diríase que expresamente, en el centro mismo de «Los términos»; poema número 5 dentro de un total de nueve composiciones. Hasta allí, al hombre de *Historia del corazón* no se le escucha aspirar o invocar otro modo de conocimiento que no sea el deparado por su ser —su estar— temporal, y por el reconocimiento de los otros en esa su misma condición. Y de pronto, explosivamente, en «Comemos sombra» dejará oír la imprecación mayor, golpeadora: su reclamo insistente —más obsesivo aún que en «No basta», de *Sombra del paraíso*— de un *Dios respondiente y* único, que con su sola verdad *sin términos nos callase*. El hombre, impotente, tiene que conformarse con el alimento de un eco y de una sombra de esa entidad suprema presentida. Porque la augusta visión divina, aún menos entrevista que en aquel otro poema mencionado, concluye igualmente por borrarse, dejando al hombre recluido en su menesteroso mundo de silencio y de hambres no saciadas. De este modo finaliza el poema:

> Pero luego los grandes ojos húmedos se levantan. La mano
> [no está. Ni el roce
> de una veste se escucha.
> Sólo el largo gemido, o el silencio apresado.
> El silencio que nos acompaña
> cuando, en los dientes la sombra desvanecida, famélicamente
> [de nuevo echamos a andar.
> (I, 780)

Sería erróneo sospechar que este poema —donde se inquiere por una trascendencia divina, intuida o presentida— suponga una traición a la lúcida conciencia temporal de nuestro destino que sustancia la visión del mundo de *Historia del corazón*, ni habrá de ser visto tampoco como signo de debilidad o de impotencia. Recordemos aquella sana advertencia de Ortega y Gasset que nos impelía a ver las nostalgias y los utopismos como señas de una «vitalidad poderosa» en quien los sustente. Así, las primeras utopías cósmicas de nuestro poeta, y su subsiguiente nostalgia del paraíso, habrán de ser pesadas en la misma balanza que ésta su angustiada pregunta por un «Dios respondiente», concreto y definido como tal: indicios son, todas esas manifestaciones, de una sobreabundancia del espíritu, operante, vital y potente. Lo que en verdad sucede es que en «Comemos sombra» se vienen a cruzar el eje horizontal de las abscisas del tiempo humano histórico —conciencia del tiempo y la muerte, serena aceptación del fin, profunda piedad ante tal destino del hombre— con el otro vertical, y no menos humano, de las ordenadas que apuntan a la eternidad, al tiempo trascendente.

Ese momento de cruce o encuentro es breve, e irrepetido, pero está trazado de tan intensa manera, con tan dolorida entraña, que es suficiente. Si separásemos de *Historia del corazón* el poema «Comemos sombra», o si saltáramos su lectura, el efecto no podría ser nunca el mismo: le faltaría al todo su más incisiva dimensión metafísica, y la emoción humana se empobrecería en alto grado. Observemos, en el final del poema, cómo no hay explícita solución y cómo aún permanece la inquietud. Porque el hombre de ese poema, el hombre repetido y único de la Humanidad que allí habla, continúa andando... Y mientras la existencia aliente, por penoso que sea el esfuerzo, la interrogación tendrá que venir a formularse de nuevo, una y otra vez, agónica y reiteradamente. Por eso el poeta Vicente Aleixandre tuvo que volver sobre sí mismo para, tal vez con los materiales solos de su más interiorizada reflexión, fabricarse sus propias salidas, su propia salvación. De este modo, *Historia del corazón,* cerrado en tal difícil punto, dejaba entrever para la poesía futura de su autor la necesidad de abordar en ella sus explicaciones más integrales y sustanciadoras.

En un vasto dominio

Y esa explicación necesaria, donde en un mismo impulso se acordara temporalidad y trascendencia, es lo que ensaya Aleixandre en su siguiente libro: *En un vasto dominio,* aquel de los suyos donde el poeta ha ofrecido más detenidas ideaciones dentro de un contexto verbal de mayor aliento discursivo. De otro modo: donde más ha dicho, y tal vez donde ha cantado menos. Esta necesidad de salvación, que es clave en el lirismo aleixandrino, se va ahora a erigir como idea rectora, con mayor precisión, en este cuaderno. Todos los personajes, reales o artísticos, que desfilan poéticamente por sus páginas, aspiran muy vivamente a salvarse; es decir, interrogan, inquieren, esperan una respuesta: por el conocimiento lograrán su destino, ya que es un saber de salvación lo que demandan. *En un vasto dominio* responde, de entrada, a tal necesidad, y de aquí que se nos presente, ante todo, como una pieza articulatoria, indispensable y fundamental, en la cadena de eslabones por los que se ha organizado sucesivamente la aventura de Aleixandre hacia el conocimiento.

El poeta que, en el último verso de «Comemos sombra», echaba de nuevo a andar, decidió bravamente no asomarse otra vez al misterio de una realidad divina, exenta y trascendida de esta otra tangible e inmediata en la que el hombre y la materia están inmersos. Calló para sí aquella pregunta que sólo hubiera podido responder un Dios rotundo, personal, omnisciente —ese Dios que, en la historia de la poesía de Aleixandre, había aparecido como una sugestión entre vaga y concreta, ya se vio, desde algunos poemas de *Sombra del paraíso*. En su lugar, intentó penetrar en las verdades más fácticas y permanentes que desde la realidad viva llaman al hombre, aunque no deteniéndose, por supuesto, en su epidermis más fácilmente entregable. Recordó, y con él se abre el libro, el lema goethiano «Sólo todos los hombres viven lo humano»; y subrayó para sí, y muy enfáticamente, ese *todos* de inclusión general, universal. El resultado fue descubrirse en el más vasto de los dominios: el de la materia única, inmensa y sola, de la cual el espíritu del hombre y su historia son la concreción más alta y noble. *En un vasto dominio* sintetiza así, y de modo magistral, las dos grandes extensiones anteriores ya descritas en la evolución de Aleixandre: la mirada exaltada sobre el cosmos, y la atención piadosa hacia el hombre. Esto es lo que cierra y resume: será tan significativo lo que, como se indicará en seguida, anuncia y abre dentro de esa misma evolución.

La pupila poética seguirá viendo al hombre como ente histórico y limitado, pero al mismo tiempo alcanzará a contemplarlo repetido y constante, flujo y reflujo de un mar único, universal y eterno, donde el ser humano y la materia sustentante aparecen como simultánea y sucesivamente integrados. Parecería un libro sereno, a fuerza de este anclarse en un presente de tan amplias dimensiones; y ello se advierte ya desde uno de sus primeros poemas, de titulo definitorio: «Materia humana». Allí se lee: *Oh, todo es presente. / Onda única en extensión que empieza en el tiempo, y sigue y no tiene edad. / O la tiene, sí, como el Hombre* (I, 804). Al aumentar la distancia con que el poeta divisa su dominio, al ver reproducidos en hombres y momentos de hoy los esfuerzos de hombres y momentos del pasado, adviene la suave y confortadora sensación de la continuidad. Pero valdría aclarar que serenidad no quiere decir aquí ausencia de pasión. Sólo que la pasión que preside este libro, y ya ello se ha sugerido, es de una naturaleza que, aunque tenía en la obra anterior de Aleixandre sus seguras raíces (como en este estudio se va rastreando), no viene a convertirse en centro vital de su preocupación, o al menos a definirse como tal, sino en los últimos años: es, sin más, la pasión del puro conocer, y de la salvación por el conocimiento.

Aquí está enunciada ya esa abertura que se proyecta desde *En un vasto dominio:* lo que en él se dice nos alcanza como el producto de una ardida reflexión. Y por este cauce, en el verso aleixandrino, básicamente sostenido hasta entonces en la triada sensorialidad-imaginación-afectividad, se entra ahora una carga de pensamiento perfectamente sopesable como tal. Es ya, definitivamente, una poesía de pensamiento. Y es ésta la otra faz del libro que mira al futuro inmediato del quehacer poético del autor y que, si bien bajo moldes expresivos inconjugables, prefigura esa intrincada meditación lírica que conforma sus dos libros últimos.

En un vasto dominio está dividido en seis *capítulos*, y así se los llama, lo que prueba el sentido unitario —como de especulación orgánica y sistemática— que rigió su composición y estructura. De ellos, tal vez el de mayor originalidad sea el Capitulo I: «Primera incorporación». Esta incorporación va dirigida a la realidad física del cuerpo humano para desentrañar y conocer, de ella, su verdad esencial. Es aquí donde, de un modo más firme, por la naturaleza del tema, se refuerza aquella sensación aludida de realidad presente y cumplida, siempre cumpliéndose, de la materia humana. Es nada menos que el cuerpo del hombre, y no ya en su totalidad exaltadora, aunque haya también poemas dedicados a su estar absoluto, sino en su minuciosa desarticulación —el vientre, el brazo, la mano, el sexo, la cabeza, la sangre—, lo que aquí deviene asunto de poesía. Y ello es posible porque nunca se pierde de vista que esos miembros y esos órganos son en todo momento *parte* del hombre, que será éste la dignidad primera y esencial, y que es precisamente la contribución pequeña, pero inmensurable, de cada uno de aquellos fragmentos a esa total dignidad, lo que el ojo poético quiere descubrir y avalar. El hombre, siempre y primero: su esfuerzo, su tesón, su hacer, su voluntad de conocimiento Véase en «La sangre» cómo la idea central del poeta es que el flujo sanguíneo, después de haber llevado su riego de vida hasta la mano, adquiere su mayor riqueza al entrar en contacto con el trabajo humano, ya que la mano es precisamente el órgano decisivo de la acción del hombre: es ella quien empuña el arado o la pluma o la azada o la pala. Cuando la sangre, al bañar esa mano, alcanza su contacto íntimo y sustancial con el hacer del hombre, llegará el instante del conocimiento hondo y definitivo, que adviene al verso en ineludible modalidad exclamatoria: *¡Sangre cargada le la ciencia humana!* (I, 811).

Ha sido así un gran acierto, una afortunada intuición, haber incorporado al libro, en su tramo inicial, esta zona fundamental del vasto dominio que la mirada del poeta quiere ahora abarcar y conocer. Y lo fue también, en principio, porque supo descubrir —cosa insólita como experiencia lírica— los valores éticos (*éticos*, pues participan en la realización del hombre) de todos esos órganos, que se alzan de este modo a la categoría que les corresponde, una categoría que rebasa la mecánica elemental de meras divisiones corporales. Son realmente seres vivos, fragmentaciones insustituibles del vivir y del esfuerzo humanos, pero que nos habíamos acostumbrados a ver como pura fisiología animal. Siempre, en bloque, el interés tradicional de la actitud poética, y aun de la literaria general, se ha movido a exaltar los poderes humanos presuntamente superiores —la facultad afectiva, la pensante, la volitiva—, con una natural preterición de aquellas otras también presuntamente inferiores por estar cargadas de mayor realidad física. Pero es ciertamente gracias a ello, dentro de la visión de Aleixandre en esta zona de su obra, por lo que han podido develar ahora toda su trascendente significación: el supremo valor de cada una de esas pequeñas partes corporales, su valiosa e indispensable colaboración en el todo único y radical que es el vivir humano.

Cobra también importancia destacar el papel del tiempo en la representación poética de este libro, ya que a todo su través el poeta insiste en contemplarlo, al tiempo, como un elemento tan participador, tan hacedor de la realidad como la materia misma sobre la que aquélla se funda. El texto último, «Materia única», que puede leerse como complemento y desarrollo del antes citado («Materia humana») adquiere, por su colocación, el carácter de un preciso resumen de la minuciosa reflexión desplegada en este volumen, el más extenso de los de Aleixandre. Y la estrofa con que exactamente termina se abre con la más justa síntesis del pensamiento central de esa reflexión: *Todo es materia: tiempo, / espacio; carne y obra* (I, 963). Dos a dos, los ingredientes que se condensan en la materia guardan entre sí una fidelísima correspondencia. Por un lado, la carne en el espacio, esto es, el principio material; frente a él, inseparable de él, la acción, o sea, la obra en el tiempo. Uno sin otro nada son; y aquí está de nuevo expresado con todo rigor uno de los más lúcidos pensamientos historicistas de la época. Y porque tan integrador de la materia es el tiempo como el espacio, lejanísimos quedan ya los siglos ultrarracionalistas que consideraban el tiempo sólo como el fenómeno que permitía explicar el paso o tránsito del ser estable y permanente a los accidentes variables con que aquel mismo ser suele manifestarse. No: la realidad material es tiempo ella en sí del mismo modo que es espacio: es tiempo inmanente y trascendido a la vez. Así, en el cuerpo del mismo poema se ha tenido la oportunidad de grabar, impecablemente, la en tal sentido definitiva lección: *Ardiendo, la materia / sin consunción desborda / el tiempo, y de él se abrasa.*

Y la primera consecuencia de este reconocimiento será neutralizar en la reflexión temporal sus implicaciones más trágicas. No será ya el tiempo únicamente el fantasma devastador que todo lo destruye, ni el poeta el solo cantor elegíaco de esa destrucción. Y tenemos que unir estrechamente esta convicción del tiempo como elemento definidor de la realidad con aquella otra idea —en verdad, otra forma de la misma idea— que señalaba la existencia de una realidad material única, constante y fundida. Desde esta exclusiva perspectiva, el tiempo perdería su hálito naturalmente luctuoso. Las cosas y los seres afirman la rotunda continuidad de su presencia, y será la pupila poética quien llegue a incorporar este conocimiento dentro de las verdades del hombre. Así, en «Tabla y mano»:

> Y allá, emergiendo, nueva, hija que mata con su
> [nacimiento,
> la tabla, ese tablero que perdió su origen,
> y aquí está. Turbia, con solo historia ya de nueva vida,
> y aquí está. Y en ella un vaso, el vaso mil, el mismo vaso
> [eternamente en ella.
> Y debajo su mancha (I, 853).

Y ocurre entonces que el esfuerzo humano, el cual desde el ángulo opuesto podría ser destacado sólo en cuanto comporta de arduo y estéril, aparece en este libro sentido como necesario, positivo, útil, hermoso y exaltador; pues es el trabajo del hombre quien ayuda al tiempo en su labor hacedora de la realidad, convirtiéndose así en móvil gozoso de poesía. Una confiada serenidad rige entonces la mirada del poeta, y se nos comunica tan afirmativa impresión en textos y pasajes de subido valor ético y emocional.

Pero no es éste, en absoluto, el único punto de mira. Por el contrario: *En un vasto dominio* no pretende borrar o callar el dolor ante el tiempo. Ni en sus dimensiones trascendentes (condición efímera de los seres, muerte de los orígenes, muerte última), ni en las contingencias del azar histórico del hombre (debilidades físicas y morales, miserias, injusticias, lacras y temores sociales). Todo ese inframundo moral del hombre entra también en esta poesía, pero nunca en forma de abstractas o teóricas especulaciones sino corporizado en figuras de muy vivo relieve. Efigies destacadas en esa galería serán las del anónimo leñador, la del pastor camino hacia el puerto, la del vacuo y pedante profesor; y algunas veces con sus nombres propios identificadores: Félix, Juana Marín. Y es entonces, al requerirlo el tema, cuando el verso se deja atravesar por ráfagas intensísimas de piedad y ternura, los únicos sentimientos posibles ante el dolor o el desvalimiento del hombre. Como en estas estrofas de «Félix», el humilde y bravo hijo de la tierra:

> ¿Deletreó? Pronto fue requerido
> por la azada y alquiló el brazo joven,
> y se arrendó para la siega luego,
> y sobre el trillo arreó el mulo,
> y aireó el tamo, y condujo al amiar la espiga de otros.
>
> En la Fiesta tenía
> —cuando una vez al año el poblado hace fiesta—

una camisa limpia, minuciosamente rehecha,
una chaqueta conservada siempre,
fuertes botas de cuero
y una voluta de humo ante sus ojos tristes (I, 843).

Una lectura rápida de *En un vasto dominio* puede producir un cruce de sugestiones, y que al cabo venza una de ellas con evidente amputación de la recta comprensión total. La causa mayor de esta posible visión astigmática es que el poeta, en su contemplación, se mueve sobre dos planos no opuestos pero sí colocados a desigual distancia del ámbito contemplado. Uno, más próximo y muy cercano aún al hombre histórico e individualizado, le permitirá ver a éste en su indefensión ontológica y en su pobreza material. (Aquí se alinearían todos los matices primordialmente humanos del libro: dolor, angustia, piedad, ternura, indignación ante el mal, designio de solidaridad.) El otro nivel, más lejano, mucho más, le dará la oportunidad de aprehender con la vista todo ese fondo de común destino de la realidad material del Hombre, ahora con mayúscula, como en algunas ocasiones aparece en los poemas. (Y es entonces cuando las reacciones naturales serán la serenidad, que da esa convicción de permanencia no desmentida de la materia, la correspondiente sensación de aplomo o sostén; en fin, todo lo que de afirmativo y seguro es capaz de ofrecer tan vasto paisaje.) Pero puede suceder que el lector se apoye con más fuerza, por su mayor originalidad, en este segundo plano o nivel. Y que entonces, muy a pesar de tantos expresos instantes de patético o airado dolor, llegue a pensar que el poeta exoneró al hombre del azar y de la pena —lo cual sería un vano espejismo, del que ciertamente no es responsable el autor.

Se ha dicho que *En un vasto dominio* está sustanciado desde una poesía de pensamiento, de voluntad definidamente intelectiva y cognoscitiva. Pero es más: ese pensamiento comienza a afinarse ya hacia una meditación sobre el acto mismo del conocer. Por eso se inicia aquí, y de un modo tan vivo que es su verdadero alumbramiento, la oposición aparentemente dialéctica entre *conocer* y *saber,* en torno a la cual se concentrará sólo un poco después, en sus libros más recientes, el interés central del poeta. Sin más comentarios por ahora, y sólo para dejar tensos esos hilos que van tramándose en la trayectoria poética aleixandrina, se aíslan dos de estos momentos de *En un vasto dominio*, realmente aurorales de la ya específica preocupación gnoseológica actual de Aleixandre. Uno de ellos ocurre en el del juego antinómico entre ambas acciones: *Boca que acaso supo / y conoció, o no sabe, / porque no conocer es saber último* (I, 827). Y el titulado «Tabla y mano» nos da un *close-up* de ésta, la mano, cuando palpa y recorre la madera de una mesa. Dice de aquélla: *Y su materia reúne / lo que es, y toca y sabe, aunque siga ignorándolo* (I, 853). Y he así cómo la segunda gran etapa de esa trayectoria, que emergió con la aceptación humilde del reconocimiento —del conocimiento propio a través del encuentro con el otro— concluyó atraída por la tentación bíblica que empuja a probar la fruta prohibida del conocimiento último, a paladear su brillo fascinante pero cegador. No es de extrañar que los resultados lleven algo, o mucho, del castigo esperable para esta por otra parte tan humana soberbia. Y ya se está a las puertas del final de esa aventura: un final en el que sólo se escuchará la más impenetrable pero a la vez la más proveedora de las voces.

Retratos con nombre

Pero antes de allí llegar se hace necesaria una breve consideración a otro libro del autor —circunstancial y menor dentro de su órbita— que aún se articula con la segunda zona de su poesía, y obedece a los mismos presupuestos éticos y estéticos que a ésta sostienen. Se trata de *Retratos con nombre*, libro publicado tres años después de *En un vasto dominio*, y que tiene un claro antecedente en una sección de este volumen, la titulada «Retratos anónimos». En ella, la característica pupila analítica de Aleixandre se había demorado en presentamos (en pares de gran tensión dialéctica temporal: un *óleo* situado en el pasado, y una figura vista y captada en su *vida* presente) dos momentos o concreciones distantes de esa realidad única que es la materia sometida al tiempo, los cuales se revelaban a la vez en su esencial continuidad mutua y en su histórica unicidad individualizadora. Mas no había aún nombres para aquellos retratos de *En un vasto dominio*, tan llenos, sin embargo, de calidísima palpitación existencial.

Aquel movimiento hacia la concreción tempo-espacial, hacia la concreción histórica y situacional, que apuntaba en el inicio de esta área de la poesía de Aleixandre (es decir, en *Sombra del paraíso*), y que daba el contexto insoslayable de las piezas más singulares de *En un vasto dominio*, se impondrá ahora pero de un modo total y definitivo, moviendo consecuentemente algunos de los resortes más caracterizados del talante humano y poético de Aleixandre. Todo ello va a conducir, por modo natural, no a la anonimia del personaje retratado sino al nombre absoluto y redondo, encabezando al poema, operación que en sí rubrica y da unidad al nuevo libro. He aquí algunos de esos resortes, seguidos de la mención de respectivos textos ilustrativos de *Retratos con nombre:* el gusto en el poeta por la rigurosa delimitación situacional —«El abuelo», «Imagen postrera (Carles Riba)»—, su devoción a la amistad (Rafael Alberti, Dámaso Alonso, Max Aub, Jorge Guillén), su admiración encendida por esa faena de progresivo enriquecimiento que es el existir y el hacer («Cumpleaños», «La obra del albañil»), su parejo entusiasmo por aquéllos que la abordan gozosamente, desde la vinculación entrañable o desde el callado anonimato («Don Rafael o los reyes visigodos» al lado de «Sin nombre»), su voluntad y capacidad de trascender la mera superficie de la visible realidad humana («Cuatro retratos con un mismo fondo»). Esta incorporación tan viva, del hombre en el poema, va auxiliada por ese movimiento lento, penetrante e incisivo —virtud y peligro a un tiempo, como ya se ha dicho— del verso aleixandrino. Y más arriba, la precisión implacable de una memoria prodigiosa empujando hacia lo hondo el aguijón despacioso de este verso. El resultado de tales condicionantes son estos *Retratos con nombre:* «pequeña epopeya de la memoria viva», como los ha llamado Javier Alfaya en frase afortunada.

Como introducción, Aleixandre ha escrito un prieto poema, «Diversidad temporal», donde se contiene, en síntesis, la matriz de su visión poética del mundo en este estadio de su evolución —que es aún el correspondiente a *En un vasto dominio*. De entrada, la exaltación de la conciencia del hombre como cumbre y resumen de una sustancia o materia básica y universal, indivisa en su origen. Y, en consecuencia, la profunda unidad de todos los destinos humanos que podrán verse así como expresiones de una realidad continua, única y plural en su persistente reflujo —el cumplimiento sucesivo de cuyos avatares dará en suma la dimensión del tiempo personal experimentable por el hombre, por cada hombre. A dicho poema pertenecen estos versos, que alzan ese telón de fondo temporal sobre el que habrán de proyectarse después las figuras individualizadas que discurren por el libro:

> Esa mano, esa ropa, el pie, el gemido, el brillo,
> sus besos numerosos, su muerte, el rey, las cuevas,
> el orden voluntario, pues hijo es él del hombre.
> Como unas olas rompen y abren: playa, historia.
> Lo que él hizo está hecho y lo que quiso puede.
> La situación se ocurre, perece, salva, dice,
> predice, y el mañana ya luce, y son auroras (I, 976).

Sólo recortados sobre esa común perspectiva cada retrato cobrará más tarde su total relieve. Poemas son para leer con la vista, pero aún más con el entendimiento aguzado para penetrar con el poeta lo hondo de esa realidad que el recuerdo entrega de nuevo. Etica y metafísica, de genuina estirpe existencial, nos esperan en todo momento. Pero nunca en tanto que instancias dogmáticas o teóricas, sino como intuiciones vivas, vividas, adheridas indisolublemente a la realidad de donde emergen, y a cuya resistente permanencia sirven tan bien estos poemas. De los oscuros obreros que construyen la vivienda humana ha escrito Aleixandre en uno de aquellos («La obra del albañil»): *Manos que levantaron esa verdal ahí dicha. / Manos que pronunciaron con lentitud, completas. / Hombres fundamentales y fundadores, dueños / del fuego que ahí otorgan: el hogar a los hombres* (I, 1048). Por todo, estos últimos versos pueden volverse, con entera justicia, al autor de *Retratos con nombre*. También es el poeta ese hombre fundamental y fundador que ayuda, con su voluntad de conocimiento y su palabra devuelta a los otros, a levantar el hogar de sus prójimos.

Capítulo V
CONOCIMIENTO:
URGENCIA, ESCEPTICISMO, RELATIVIDAD

A Vicente Aleixandre le ha acompañado siempre, junto a su labor creadora, una aguda y perspicaz conciencia crítica sobre esa su propia labor. No parece que se haya reparado mucho en ello porque tal conciencia no ha dado de sí un libro orgánico y unitario sino que se haya esparcida en declaraciones, entrevistas y notas de autocrítica, aparecidas aquí y allá a lo largo de los años. Sin embargo, al distribuirse en dos volúmenes la reciente edición de sus *Obras completas*, que es la que se ha seguido en este estudio, el lector encontrará que muchísimo más de las dos terceras partes del segundo de esos volúmenes, donde se recoge su producción en prosa, abunda en manifestaciones y referencias a su poesía, todas de gran exactitud y penetración.

Es más: con respecto al problema del conocimiento como eje rector de su obra, que es lo que aquí se va tratando de explorar, ha sido el mismo Aleixandre, antes que nadie, quien ha dado las primeras señales de advertencia. Como «ciencia del conocimiento y de la aceptación» (II, 537) califica ya, a raíz de *Historia del corazón*, su poesía de entonces. Y si es a partir de ese libro —y más concretamente del que le sigue— cuando sus rumbos poéticos toman el sesgo reflexivo e inquisitivo que es propio de la poesía de pensamiento, sus alusiones en tal específico sentido serán inevitables, y cada vez más precisas, respecto a las entregas suyas que desde aquélla se han ido sucediendo. Por ello puede, a propósito de *En un vasto dominio*, hablar de la «nueva indagación» (II, 555) que allí emprende como síntesis armonizadora de las dos anteriores vertientes de su visión general, lo cual en su lugar quedó ya explicado. Como es lógico que ocurriese, observaciones de esta índole se afinan aún más en relación a sus cuadernos últimos; y así de *Poemas de la consumación* (1968) escribe: «Y lo inexorable de la consumación se asume como *un conocimiento que es en sí un valor*, yo diría una sombría iluminación» (II, 558). Y algo después, sobre lo practicado en *Diálogos del conocimiento* (1974): «Intenté crear una serie de personajes distintos del autor y diferentes también entre sí que me sirvieran como *perspectivas u órganos de conocimiento* a cuyo través se pudiera ofrecer la multiplicidad como tal del universo» (II, 558). Los subrayados, en ambas citas, son nuestros.

Y en este esfuerzo hacia el conocimiento es siempre una apertura a la trascendencia lo que se persigue y ambiciona, no importa que —cuántas veces— tal vislumbre de la trascendencia quede aun negada en ese mismo y estéril esfuerzo. De todos modos, el objetivo no deja de ser nunca un conocimiento trascendente, y es esta suerte de conocimiento la urgencia mayor que sobre el poeta ahora se impone. Por ello, *Poemas de la consumación* y *Diálogos del conocimiento* han de ser contemplados como los dos tiempos sucesivos de un mismo movimiento poético intelectivo que, por debajo de sus particulares y variadísimas concreciones temáticas, puede por definición calificarse rigurosamente de epistemológico y metafísico.

Poemas de la consumación es un libro vertebrado, en una primera (pero incompleta) dimensión, sobre un inmediato tema central: la exaltación y elegía de la juventud. Exaltación, porque esa juventud resulta proclamada como la única realidad valiosa dentro del vértigo voraz de la existencia: *La juventud no engaña. Brilla a solas* (II, 74) se lee en «Límites y espejos»; y en «No lo conoce»: *Vida. Vida es ser joven, y no más* (II, 73). Pero también elegía, ya en un sentido intransferiblemente personalísimo, porque tal proclamación de la juventud se emite desde la vejez del poeta

—tiene éste ya setenta años cuando se publican los *Poemas*—, y sabe y reconoce como perdida aquella misma riqueza de que también él gozó un día: situado ya el hombre en esa desposesión, *no hay sino dolor, / pues hay memoria, y soledad, y olvido* («Si alguien me hubiera dicho», II, 60).

De un modo casi paradigmático, uno de los poemas iniciales de la colección —«Los viejos y los jóvenes»— expande imaginativamente la vital oposición entre juventud y vejez, y por necesario interés ilustrativo se reproduce aquí la estrofa final de esa composición. Ya en *Historia del corazón*, escrito en la madurez del poeta, se había advertido la inclinación de éste a representar figurativamente la existencia como un camino de impulso elevacional, de signo siempre ascendente o vertical: recuérdese, de aquel libro, «Ascensión del vivir». Pero ha de observarse cómo ahora, por la mirada más larga y escéptica sobre la vida misma, tal representación queda limitada a la juventud: es ésta quien aparece aquí concebida bajo imágenes de energía, pujanza y brillantez (también de inconsciencia) que sugieren un arrebatado movimiento cuesta arriba; a la vejez, en cambio, sólo le caben la serena contemplación, la estabilidad del lento andar, y una ilusoria fijeza. Dice esa estrofa:

> Es el verdor primero de la estación temprana.
> Un río juvenil, más bien niñez de un manantial cercano
> y el verdor incipiente: robles tiernos,
> bosques hacia el puerto en ascensión ligera.
> Ligerísima. Mas no van ya los viejos a su ritmo.
> Y allí los jóvenes que se adelantan pasan
> sin ver, y siguen, sin mirarles.
> Los ancianos los miran. Son estables,
> éstos, los que al extremo de la vida,
> en el borde del fin, quedan suspensos,
> sin caer, cual por siempre.

Mientras las juveniles sombras pasan, ellos sí,
[consumibles, inestables,
urgidos de la sed que un soplo sacia (II, 34).

Pero este tema de la oposición juventud-vejez que se acaba de glosar, objetivo y universal en su formulación (como sucede en tantas piezas del libro), va imbricado al examen del propio vivir del poeta, quien repasa su existencia —sobre todo la presencia en ella del amor— desde la altura de su edad. Es el libro acaso más lírico del autor, por ello también el más introspectivo. Y tal vez para evitar cualquier excesivo patetismo a que esto pudiera ser proclive, surge entonces, en el nivel de la escritura, un pudoroso ademán que se resuelve en algo insólito para un poeta de generoso estro, no exento en ocasiones de un cierto énfasis verbal. Y es que aquí llega Aleixandre a un punto extremo de máxima economía expresiva: el poema se abrevia en longitud, el verso se aprieta, la palabra se condensa y ajusta. La dicción se hace incluso sentenciosa, y los aforismos («falsos aforismos» los llama Pere Gimferrer, y ya quedará claro después por qué) se acumulan y precipitan en turbulento alud, como sucedáneo en la letra de la inquietud que por lo hondo aguija al espíritu.

Y esta inquietud, desde nuestra perspectiva, emerge de una preocupación gnoseológica más fundamental o raigal que temática. Esta preocupación —sugerida unas veces, y explícita otras en *Poemas de la consumación*— es en rigor la misma que, ya dispuesta a relativizarse aún más en sus duales respuestas posibles, aparecerá de nuevo en *Diálogos del conocimiento*, aunando así en sus estratos más profundos a ambos libros. Se trata de una pregunta de la más afilada incisividad y que, muy resumida en su formulación, podría recibirse así: ¿Basta el pensamiento puro, lo existente bajo la forma solipsista de criatura meramente pensada? Este es el *subtexto* verdadero, axial y agónico, tanto de los *Poemas* como de los *Diálogos*. Los «asuntos» poemáticos, con frecuencia reiterativos entre sí, nos darán sus adecuados *pretextos*. *Y* la palabra en vilo —la caída ininterrumpida de los tantos seudo-aforismos mencionados, que entre sí desafían la lógica mediante voluntarias y violentísimas contradicciones, así como el ceñidísimo lenguaje despojado en puro hueso y puro nervio— va tejiendo el *texto* real de estos *Poemas de la consumación* (y después de los *Diálogos*) que en consecuencia resulta lo más distante de un discurso cerrado, unívoco y de perfiles conclusos. A ello apunta también el frecuente acudir a la reiteración intertextual (entre los poemas) de sintagmas y versos enteros, y aun del aprovechamiento de otros procedentes de libros muy anteriores del autor (cuestión ésta sobradamente señalada por aquellos críticos que, como Pere Gimferrer y Darío Puccini, se han acercado con cierto detenimiento a este nivel estilístico de la poesía última de Aleixandre).

La gran hazaña del poeta, en este volumen, y lo mismo puede afirmarse con aún mayor razón del siguiente, ha sido así la de hilvanar una gran escritura abierta, multívoca, devorándose insaciablemente a sí misma Y el destino de esta escritura impaciente —ya a ello habrá de llegarse— será el de inflexiblemente dispararse hacia el único espacio que, en su dialéctica de construcción y destrucción simultánea (o a la inversa), esa misma escritura va sabiamente creando: el silencio. Cada poema y cada verso parecieran como ecos imperturbablemente deshaciéndose de ese silencio, germinal y último a la vez, pero también *hablándonos* desde la provisoria fidelidad con que el lenguaje traduce al silencio, y lo incorpora al verbo.

Por ello Aleixandre se cuida, en el texto que abre el libro —«Las palabras del poeta»— de dejar establecida su pulcra atención a ese doble cumplimiento de su instrumental expresivo. Y así, si bien es cierto que comienza estampando sobre el lenguaje su condena final de destrucción y mortandad *(Unas palabras / deshechas, como el eco o la luz que muere allá en gran noche)*, repara también, con mayor exactitud y hacia la mitad de la pieza, tanto en el haz luminoso (la revelación) como en el envés sombrío (la extinción) del lenguaje mismo. Habla del oficio del poeta, en su búsqueda precisa de las palabras:

> Y la mano reduce
> su movimiento a hallarlas,
> no: a descubrirlas, útil, mientras brillan, revelan,
> cuando no, en desengaño, se evaporan (II, 31).

La actitud de Aleixandre ante el lenguaje no desembocará nunca en un total o cerrado nihilismo crítico. Sólo que tanto el «brillo» de lo revelado como la «evaporación» de lo impronunciable o gastado, se le presentarán en calidad de cara y cruz, inextricables, de una misma realidad y de un mismo destino: el del lenguaje, y el del poeta frente al lenguaje.

Urgía en este momento la anterior aclaración, pero no procede adelantar aquí excesivamente lo que ha de ser el estadio último de nuestras pesquisas. Vuélvase, por tanto, y para que no quede rota la unidad expositiva del tema que más esencialmente por ahora nos preocupa, a aquella pregunta algo más atrás enunciada: *¿Basta el pensamiento puro...?* La contestación a esta pregunta, en *Poemas de la consumación*, es dual, como lo ha sido en la cultura filosófica de Occidente. Desde el punto de vista existencial, no basta. En el poema «Quien fue» se desplaza la vista, en un momento de su desarrollo y casi como protagonista de las reflexiones que allí se inscriben, al hombre que amaba —implícitamente: al hombre joven. Y entonces las verdades son estas: *La criatura pensada existe. Mas no basta. / No bastaría, Ah, nunca bastase.* O más rotundamente, casi al final: *El pensamiento sólo no es visible* (II, 53). Y en «El límite» se declara: *La luz pensada engaña*, a la par que allí mismo se sostiene que *los brillos temporales ponen / color, verdad* (II, 88) —con lo que esto último implica de afirmación de la vida y los sentidos cualesquiera que sean sus formas de mentir, pues se trata, adviértase, de brillos *temporales*, esto es, caedizos.

Pero en otros momentos se imponen como pesarosas estas mentiras de la aparencial realidad, condenadas de antemano al fracaso de la finitud. Y entonces el hombre, angustiado por ello, parecería reclamar y aun exaltar la bondad absoluta de esa otra categoría del pensamiento puro y, ya aquí desde un ángulo metafísico, poder incluso defenderla como la única forma posible de belleza verdadera e imperecedera. El poema «Los jóvenes» desenvuelve, en sus tres partes, los respectivos modos de asumir la realidad —la intuición— de la juventud misma. Las dos primeras la encaran como inmediata realidad existencial: los jóvenes situados en un aquí y un ahora de rigurosa actualidad (parte I), y los jóvenes *que fueron* en las generaciones anteriores pero que aún viven por precisamente haber existido (parte II). Pero en su sección tercera y última, la mirada del poeta gira hacia los jóvenes no nacidos: *los pensados*. Es ya la imagen o el pensamiento puro de la juventud, su realidad absoluta y salvada de lo contingente, y por tanto, de la condena inexorable de la extinción y la muerte. Y el poema concluye así, irguiendo la belleza suprema de esa realidad intangible y jamás marchitable del pensamiento:

> Más jóvenes se ven. Son los no muertos,
> pues no nacidos.
> Son los pensados.
> No en la noche o idea,
> en el alba, su imagen,
> como su pensamiento
> están o son. La luz
> sigue feliz, ah, no tocada,
> pues quien no nació no mancha. Todo luces,
> creídos: oh pensamiento inmaculado.

Bellos, como el intacto pensamiento solo:
un resplandor (II, 57).

Después, en *Diálogos del conocimiento,* también los personajes más vocados a una posición idealista —o escéptica, o ensimismada— tenderán igualmente a refugiarse, acaso con dolor, en los reductos del pensamiento, donde habrán de quedar superadas y abolidas las contingencias. Así, en «Los amantes viejos» se pone en labios de *El,* el amante desencantado, esta ardorosa defensa de la sobre-existencial realidad: *No engañas / tú, pensamiento solo / que eres toda mi compañía.* Y más definitoriamente: *El pensamiento vive más que el hombre* (II, 116 y 117). O cuando los personajes se enfrentan a catastróficas experiencias existenciales —como la guerra—, será también el pensamiento quien ofrece el mismo refugio salvador. En «Sonido de la guerra», tanto *el soldado* como *el brujo,* no importa sus matizadas posiciones diferenciales, vienen a coincidir en análoga actitud. Dice el primero: *Sólo mi pensamiento vive ahora.* Y el segundo ahonda y universaliza más la misma intuición: *No, no hay vida, / sino este pensamiento en que yo acabo: / El pensamiento de la luz sin hombres* (II, 108 y 111). Coincidentemente, en «Después de la guerra», *el viejo* volverá a incorporar esta reducción de todo lo sensible a estricta categoría ideal, donde ya el hombre no encuentra sitio: *Ahora el mundo vacío está vacante / y un pensamiento es, pero no humano* (II, 168) Se trata de una intuición que, así aislada, reconoce muy antiguas raíces, dentro de la poesía aleixandrina, en los ya lejanos tiempos de *Mundo a solas.*

Esta dualidad radical entre el esplendor del pensamiento nítido e intocado y la engañosa pero nutricia verdad de los sentidos, hacia uno y otro de cuyos extremos parece oscilar el poeta, es la polaridad resumidora y última de tantas formas de contradicción como en estos dos volúmenes se adensan. Hay que destacar, sin embargo, que antes de que una determinada proposición se disponga a tejer su vivaz contrapunto con la más absolutamente opuesta (y a proceder a su anulación mutua, como ya se verá), tal proposición resulta particularmente asentida por el lector —como también, y del mismo particular modo, la contraria. Y es que todas esas proposiciones, en su individualizada recepción, rezuman verdades inmediatas (y parciales) de la existencia. Obsérvese otra vez un verso antes reproducido, no exactamente contradictorio pero sí excluyente en su sentido: *La criatura pensada existe. Mas no basta* («Quien fue»). Examinando la sentencia total nos damos cuenta de que la interacción de sus dos segmentos hace que se inicie un movimiento de exclusión de la valoración misma que se intenta proponer. Mas es cierto, aisladamente, que «lo pensado existe»; también puede serlo que, existencialmente, no baste. Incluso podrían aducirse otros casos más extremosos tanto en *Poemas* como en *Diálogos* —y ya algunos irán apareciendo— de contradicciones armadas a base de verdades totalmente asentibles en su neta individualidad (pero será suficiente el ejemplo anterior para no salirnos del tema en que por estos momentos nos movemos). Ocurre sencillamente que el poeta se complace en hacer entrar en juego a la vez esas dos perspectivas indicadas —la existencial y la metafísica— acercándolas con tal corpórea proximidad —más: haciéndolas confluir totalmente— que de modo inexorable se resuelven en lo que no puede tolerarse sino como abierta contradicción.

Y estas contradicciones acabarán por anublar u oscurecer el sentido mismo de aquello en cuyo esclarecimiento pareciera estarse hurgando. Como uno de los recursos para tal sugestión, Aleixandre vuelve a echar mano ahora a su característica *o* identificativa: es decir, la conjunción *o* no usada para denotar exclusión, alternativa o disyunción, sino para igualar o establecer una correspondencia. La misma *o* que regía, ya desde su título global, *La destrucción o el amor;* sólo que allí equiparaba por lo general nociones de índole cósmica, contribuyendo a reafirmar la impresión de aquella anhelada unidad amorosa del mundo (y del ser en el mundo). Ahora, en cambio, trátase de colocar en un mismo nivel, axiológico y cognoscitivo, conceptualizaciones existenciales frenéticamente opuestas, con lo cual vendrá, en una inmediata aprehensión racional, a insinuar una tenebrosísima insustancialidad de lo real. Un verso de «El pasado: "Villa Pura"», de estos *Poemas*, sostiene: *todo persiste, o muerto* (II, 41), borrando así la distinción, que la razón exigiría, entre continuidad y extinción. Más sistemático es su uso en el poema «Cercano a la muerte», donde cada vez que empezamos a apresar una verdad positiva se nos viene encima una frase o palabra de sentido diametralmente contrario, introducida por esa *o* feroz destinada a aniquilar el asomo de realidad incoado en la truncada cláusula anterior. Este es un fragmento ejemplar al respecto:

> No es la tristeza lo que la vida arrumba
> o acerca, cuando los pasos muchos son, y duran.
> Allá el monte, aquí la vidriada ciudad
> o es un reflejo de ese sol larguísimo
> que urde respuestas
> a distancia
> para los labios que, viviendo, viven
> o recuerdan
> La majestad de la memoria es aire
> después, o antes... (II, 83).

Desde la perspectiva acremente iluminadora de los años, la realidad se difumina en una general pero oscura indeterminación ontológica Se diría que todo es uno y lo mismo (ya llegaremos a comprobar que la conclusión última es, por el contrario, obstinadamente incompatible con cualquier sugestión de unidad), pero aún así no se trata de aquel exultante temple que tal vislumbre intuitiva alcanzaba en la más luminosa poesía primera del autor, sino que avanza hacia nosotros como marca por el lenguaje de esa insustancialidad que lo real, incognoscible o «insignificante», opone a las demandas de la razón. La muy personal *o* identificativa de Aleixandre gana aquí, por la magnitud sombría de la experiencia que asimila y confunde, su más nihilista significación existencial y metafísica.

Y a veces ni siquiera necesitará de esa conjunción identificativa, aquí ya abiertamente desrealizadora, y el efecto es el mismo: afantasmar totalmente la visión que parecía cobrar entidad verbal. Notemos, en el pasaje final del poema «El pasado: "Villa Pura"», antes mencionado, la violenta agresión de la más elemental lógica con que las palabras van subvirtiendo y perforando el fragmento de realidad que se supone descrito:

> Las hojas han caído, o de la tierra al árbol
> subieron hoy
> y aún fingen
> pasión, estar. Y cruzo
> y no dan sombra pues que son (II, 42).

Las hojas *son*, y al mismo tiempo *no dan sombra*, cuando el hecho de proyectar esa sombra sería objetivamente una de las ratificaciones de su ser o existencia. Y son iguales, para el contemplador, las hojas caídas y las que al árbol se lanzaron (las que allí nacieron), y aun el estar de aquéllas es percibido sólo como una apasionada ficción. De nuevo la realidad queda, más que desdibujada, abolida: el ojo de la razón no la alcanza en su sinrazón.

Un inventario y una catalogación más detenidos de esas variadísimas formas de desrealización anuladora que se dan en *Poemas de la consumación*, es lo que intenté en un ensayo anterior mío sobre el tema[1]. Pero se ha necesitado ahora de los pocos ejemplos

1. Incluido en mi libro *Diez años de poesía española, 1960-1970* (Madrid: Insula, 1972), pp. 305-327.

anteriores para que no advenga de modo arbitrario esta provisional conclusión que después habrá de verificarse algo más. O sea, que la enseñanza última de ese libro pudiera resumirse así: el conocimiento inmediato es imposible ya que la realidad aparente es insensata, o sólo entrega un sentido equívoco al escrutinio racional del hombre. Porque cualquier formulación conceptual de lo aprehendido, y basta con que nos situemos desde otra perspectiva, puede quedar al punto desmentida por otra opuesta, pero que en sí misma asoma con iguales visos de veracidad. Aleixandre, en suma, toma en *Poemas de la consumación* una actitud que filosóficamente se alinearía, en cuanto al problema del conocimiento, en la posición del escepticismo.

Mas las piezas de ese libro con su resonancia nihilista (y ya se hizo notar que *Poemas* es tal vez el más lírico entre todos los de Aleixandre) fueron concebidas desde una sola conciencia: la suya y personal del autor. Hasta donde esto fuere posible, diríase que allí «el poeta no cantó por todos». Por ello pudo en un momento dado, el cual en rigor fue simultáneo al de la composición de aquellos poemas, intuir que, desde una tesitura más objetiva, las cadenas paralelas y contrarias de verdades que en aquel volumen chocaban y se deshacían entre sí, podrían tener, ambas, igual autonomía y validez. Presintió, para corporizar poemáticamente tal intuición, la necesidad de desdoblar la sola voz que había modulado aquellas oposiciones mutuamente negadoras, es decir, comprendió la urgencia de crear dos voces, dos personajes, y que cada uno de éstos incorporase, respectiva y *relativamente*, uno y otro de los hostiles planteamientos que batallaban en *Poemas de la consumación*. Vio la magna apertura de su tema, se irguió contra el pesimismo, escuchó la llamada afirmativa de la vida a la que había sido siempre tan sensible y la cual le reclamaba ahora también sus derechos. Y levantó sobre el papel esas voces y esos personajes: *Diálogos del conocimiento* nació de tal apertura y *relativización*.

No ensayó, sin embargo, un verdadero diálogo. Más bien trenzó monólogos (así los considera), y armó catorce extensos poemas que son en verdad seudo-diálogos. Véanse aquí, y sólo para destacar sus oposiciones inherentes, algunos motivos temáticos de esas supuestas conversaciones (no necesariamente de todas). Entre *una maja* egoístamente realizada en sí misma, y *una vieja* que sólo entiende la vida cuando es generosamente compartida por el amor («La maja y la vieja», siguiendo un asunto de Goya). Entre dos poetas jóvenes pero de talante frontalmente distinto, que muy pronto habrán de escucharse en estas mismas páginas: «Dos vidas». Entre el íntimo Marcel y el mundano Swan, en un desdoblamiento de Proust: «Aquel camino de Swan». Entre un *joven bailarín*, lleno de sensual apetencia por la vida, y un demoniaco e irónico *director de escena* que aquella sensualidad va corrigiendo: «Quien baila se consuma». Entre un *él*, dominado por una creciente invasión de duda y ensimismamiento, y una *ella* que le contradice mediante una crédula y armónica sincronía con la realidad: «Los amantes viejos». Entre *un soldado* que acata como única ley la absoluta suficiencia de la realidad material y cósmica (todavía como en *La destrucción o el amor), y un brujo* al cual le asiste una vaga convicción trascendente y una adscripción de sus verdades a la sola categoría del pensamiento puro: «Sonido de la guerra». Entre *un Inquisidor*, solo y aterido en la sombría verdad de su oficio, y *un acólito* que, abrasado del fuego del mundo y de la vida, va traduciendo a lenguaje de muerte la oscura realidad existencial de aquél: «El inquisidor, ante el espejo». Entre *el amador*, varón de deseos fuertes y de apetencia de vida, que sólo siente cumplidos en la fiebre de los sentidos y el ejercicio de la mirada, y *el dandy*, para quien la existencia toda —incluso el amor: sobre todo el amor— es una fantasmagórica danza de muerte y consumación, única certeza que no puede rehusar: «Diálogo de los enajenados». Entre *la muchacha*, empeñada en un amoroso registro del mundo tentable y un ardido reclamo a la dulzura de la luz y la belleza de la vida, y *el viejo*, dispuesto a reducir la realidad a la entelequia de una idea ciega, vacada y deshabitada por el hombre: «Después de la guerra».

Esos personajes no se escuchan entre sí, o parecen no escucharse; si bien en algunos de estos *Diálogos*, como en «El lazarillo y el mendigo» y otros, se percibe como un gesto de secreta comunicación entre los hablantes. Pero, en lo general, la dialéctica de sus posiciones no llega a adquirir un dinamismo lineal o temporal, sino un adensamiento en el sentido de la profundidad. Es decir: las sucesivas y alternadas intervenciones de estos sordos dialogantes, sus palabras, actúan a modo de manchas sonoras y yuxtapuestas, lanzadas al espacio blanco de la página. Y estas manchas vienen a fundirse, como sobre la retina de un espectador visual, en la sensibilidad de quien lee ese tiempo transfundido a espacio que es el poema. Con ello, el logro final se consigue mediante una suerte de «impresionismo acústico-intelectual» de gran eficacia y originalidad. La poesía, proceso en sí temporal, parece moverse aquí en virtud de antítesis de signo bidimensional, como en la pintura, a las cuales se suma una tercera dimensión intelectiva que dará la sensación mayor de relieve o perspectiva: ese otro proceso no menos creador que es el acto de leer —revelando así una distinta y muy moderna toma de posición frente a la escritura.

Sobre este particular aspecto de la modernidad en el trabajo poético último de Aleixandre se ha detenido con lucidez Jaime Ferrán —y aunque la cita sea larga, conviene reproducirla en su totalidad por cuanto amplía y desarrolla la intuición que acabamos de anotar. Escribe Ferrán al respecto: «Los monólogos interiores de los *Diálogos del conocimiento* —monólogos paralelos y convergentes, pero que nunca llegan propiamente al diálogo, si no lo entendemos como lo que es: diálogo metafísico— establecen, en cambio, un diálogo inmediato con el lector, que se constituye en el intermediario imprescindible entre las distintas meditaciones, que sin él, sin su participación activa, quedarían reducidas a un haz de truncas y disminuidas incitaciones. Pero éstas son siempre —y por encima de todo— incitaciones al diálogo, que sólo al ser tamizadas por el lector advienen a su sentido último. La incorporación del lector es, pues, absoluta. Sin ella, sin la visión que los unifica, estos diálogos serían, en cierta manera, diálogos incompletos, y aquí reside su estremecedora modernidad, porque si la "hora del lector" sonó para nuestros críticos hace ya bastantes años [alusión aquí a *La hora del lector* de José María Castellet, publicado en 1957], nuestros autores han tardado mucho más en aceptarla y, en puridad, quizá sea el último libro de Vicente Aleixandre el que le ha dado entre nosotros la vigencia definitiva que hoy tiene en el mundo»[2].

Todo esto se refiere, claro está, a la técnica. Pero ella no ha nacido de un acto gratuito —nada funciona así en la obra aleixandrina— sino que viene auspiciada desde el centro mismo de su visión poética. Aquí, en los *Diálogos del conocimiento*, el autor asoció estrechamente el problema del conocer con el de la actitud ante la vida; observó las posibles reacciones, a su vez duales, ante uno y otra, y les dio a ambas igual crédito. De haber concedido a los dos participantes la oportunidad de una intercomunicación rigurosa y progresivamente dialéctica (del tipo de la ensayada por Luis Cernuda en su extraordinario poema «Noche del hombre y su demonio») era esperable que, oyéndose y por ello rectificándose mutuamente esos personajes, se llegase, si no a un acuerdo definitivo, por lo menos a una continua interferencia y ocasionalmente a algún probable asentimiento aproximado; y ello sería contrario a la relatividad que aquí se intenta sugerir. De todos modos, aquel sustentante confrontamiento de *Poemas de la consumación* se ha abierto ahora en todas sus implicaciones: tensión entre vida mental y vida factual, entre la idea y los hechos, entre pensamiento y realidad aparencial. O, llevando todo ello a sus últimas conse-

2. FERRÁN: «Vicente Aleixandre o el conocimiento total». *Cuadernos Hispanoamericanos* (núm. citado en el Capítulo II, nota 1), pp. 164-165.

cuencias, entre solipsismo y sensorialidad. En el poema «Dos vidas» se pone en labios de un *joven poeta primero,* idealista y escéptico hasta el más turbador solipsismo, las siguientes palabras:

> De espaldas a la mar, ciegos los ojos,
> tapiado ya el oído, a solas pienso.
> Sé lo que sé, e ignoro si he sabido.
> El monte, la verdad, la carne, el odio,
> como el agua en un vaso, acepta el brillo,
> y allí se descompone. ¡Bebe el agua!
> Y duerme. Duerme, y el despertar tu sueño sea (II, 189).

Y sin haberle escuchado, un *joven poeta segundo,* embriagado de confianza en el mundo físico de los sentidos, la posibilidad humana de la comunicación y la esperanza de algún conocimiento ratificable en la experiencia, replica de este modo:

> El día amanece. ¡Cuánto anduve, y creo!
> Creer, vivir. El sol cruje hoy visible.
> Ah, mis sentidos. Corresponden ciertos
> con tu verdad, mundo besado y vívido.
> Sobre esta porción vivo. Aquí tentable,
> esta porción del mundo me aposenta.
> Y yo la toco. Y su certeza avanza.
> En mi limitación me siento libre (II, 189-190).

No todos los *Diálogos* responden a esta antinomia de tan explícita manera (y de ahí su riqueza temática); pero casi todos ellos, en un grado de mayor o menor inmediatez, podrían remitir sus postulaciones subyacentes a esa dialéctica implicada. A la posición escéptica del *joven poeta primero,* con lo que ello supone de autoclausura e interiorización, corresponderían, genéricamente y con todas las matizaciones imaginables, las asumidas por uno de los dos dialogantes en los respectivos diálogos siguientes. Por el brujo en «Sonido de la guerra»: *No, no hay vida, / sino este pensamiento en que yo acabo* (II, 111). Por *El,* en «Los amantes viejos»: *La majestad de este silencio augura / que el pensamiento puede ser el mundo* (II, 119). Por la maja, en «La maja y la vieja»: *Soy de mí, soy de nadie* (II, 132). Por el mendigo, en «El lazarillo y el mendigo»: *No creo. Creer es dar, / y por eso no creo* (II, 138). Por el dandy, en «Diálogos de los enajenados»: *Soledad. Tú mi diosa sin brazos, labios mudos / y en la frente variable un pensamiento puro* (II, 161). Por *El,* en «Los amantes jóvenes»: *Un dios cruel e ignoto persigue al hombre solo. / Pero nadie le ha visto* (II, 176). Por el toro, en «Misterio de la muerte del toro»: *Todo es soñar: mis ojos, mi testuz. Nada tiento. / Sólo un brillo, y me ciega. Soledad, a ti siento* (II, 198). Por Pedro el peregrino, en «Yolas el navegante y Pedro el Peregrino»: *Yo no veo a los pájaros sino a su sombra en tierra* (II, 219). Por el director de escena, en «Quien baila se consuma»: *La escena es una idea, y el pensamiento abrasa* (II, 224).

Y frente a todo ello, en cada una de esas mismas composiciones, el otro respectivo hablante encarnará la actitud de apertura hacia el mundo, a través de los sentidos, con lo que ello comporta de dación y entusiasmo. En el mismo orden de los diálogos recorridos en el párrafo anterior, escucharemos, desde esta otra perspectiva, decir al soldado: *Aquí en la selva acato / la única luz, y vivo;* a *Ella* (la amante vieja): *Existir es brillar. Soy quien responde. / No importa que este bosque nunca atienda. / Mis estrellas, sus ramas, fieles cantan;* al Lazarillo: *Dudo, mientras siento tus besos. / Oh, realidad, porque dudo en ti crezco;* al amador enajenado: *Vida, pero en los labios. Sueño, pero en los ojos. / Verdad, un pensamiento que con la mano arranco;* a Ella, la amante joven: *Con el día nací. Con la espuma del mundo;* al torero: *¡Qué tentación! ¡Vivir! La muleta no es sueño;* a Yolas el navegante: *Joven soy. Eres joven. Bello en la luz. Muerto en la luz. Perpetuo;* al bailarín: *Yo soy quien soy, pero quien soy es sólo / una proposición concreta en sus colores. / Nunca un concepto.*

Una intensa luz blanca se proyecta sobre estos segundos personajes (segundos en nuestra exposición), y sobre sus decires —repletos por lo general de figuraciones simbólicas coloreadas, sensoriales y fragantes. Del mismo modo, una luz negra —es decir: luz también— va inundando los vericuetos más intrincados de aquellos otros interlocutores, ensimismados y distantes de la realidad factual. Mas unos y otros luchan ardorosamente por conocer, aunque los caminos y procesos seguidos, por partir de diferentes (opuestas) posiciones, los llevarán de congrua manera a resultados paralelamente diversos. De todas las instancias arriba reproducidas, acaso las que avanzan con mayor valor paradigmático —de sus correspondientes actitudes, se entiende— sean las de *El,* el amante viejo, cuando proclama que *un pensamiento puede ser el mundo* frente a la del *bailarín* (en «Quien baila se consuma») cuando, al definirse y definir su existencia, se presenta como *una proposición concreta en sus colores y,* valerosamente, como *nunca un concepto.* Junto a «Dos vidas», el otro de estos *Diálogos* donde con mayor rotundidad la dialéctica que vamos examinando cobra su más lúcido relieve, es el titulado «Después de la guerra»; y debe por ello reproducirse un fragmento del mismo. Casi como una réplica de aquellos dos jóvenes poetas, el escéptico y el confiado, resuenan aquí respectivamente las voces de uno y otro de los personajes que en él hablan:

El viejo

No puede ser; no soy, y no hay ya luces.
No existe el ojo o claridad. Voy ciego,
como ciega es el alba. Cubro en noche
mi frente. A tientas voy. No oigo.

La muchacha

Oigo a la luz sonar. Miro, y muy lejos
veo algo, un bulto... ¡Vida, vida hermosa!
Vida que propagada me sorprende.
Pues está en mí y en ella yo estoy viva.
En ti, bulto distinto que adivino
no como nube, sino en permanencia.
Oh, mi futuro, ahí, tentable, existes (II, 171).

Como se va viendo, la inquietud que en *Poemas de la consumación* se nos desvelaba a partir de la posición del hombre frente a la realidad y el conocimiento (aquella interrogante que había quedado enunciada así: ¿Basta la criatura meramente pensada?), va haciéndose en estos *Diálogos* cada vez más comprensiva y matizada: ¿Dónde está la verdad? ¿Cuál es el camino hacia ella? ¿En la disposición del espíritu por la cual éste, replegándose en sí mismo como el *joven poeta primero*, sólo acepta como rasgos de esa verdad lo que en tal ensimismamiento concibe? ¿O bien abriéndose gozosamente hacia lo real, como el otro poeta, o como *la muchacha* de «Después de la guerra», y facilitando el encuentro fecundo de nuestros sentidos con las cosas? A pesar de su no menos tenaz pesimismo, Aleixandre ha sido también un cantor siempre fervoroso de la vida natural en toda su pujanza y brillantez, y parecería ahora inclinado a no soslayar esta segunda posibilidad; pero su misma experiencia, su sabiduría, le hace respetar la otra vía o dirección y darle también carta legítima de naturaleza. No brinda soluciones: sabe que no puede. Lo único que le es dable será dejarnos plantadas en el texto las arduas cuestiones para que éstas, en una ulterior ocasión, y como ya se ha dicho, entablen su efectivo diálogo en el ánimo de quien lee o escucha.

Al describir Ramón Xirau el conocimiento poético, después de calificarlo de «rítmico, amoroso, emotivo, conceptual», añadía inmediatamente que ese conocimiento «está en las palabras; va también más allá de ellas»[3]. Aleixandre, al construir voluntariamente la ambigüedad y rehuir las soluciones unívocas, está extremando de agudísimo modo ese poder sugeridor que aflora siempre del más allá de las palabras (y por el cual las numerosas y aun opuestas lecturas enriquecerán la letra del texto con igual variedad de interpretaciones). Y ese poder de sugerencia ha sido señalado por el propio Xirau como otro nivel de la posible relación entre poesía y conocimiento: aquél que se produce en el (multiplicado) colaborador o recreador del acto poético —o sea: el lector, los lectores. Y de ese nivel afirma: «... entender el poema mediante una lectura que si es profunda podrá muchas veces descubrir en el poema lo que el poeta mismo a veces ignoraba haber *escrito*» *(Poesía y conocimiento*, p. 29). Y si el conocimiento poético está en las palabras pero también más allá de ellas, ese *más allá* impreciso y vasto configurará un territorio de posesión plural para todos los que a él accedan. Sin valorar de profunda la lectura que aquí se va desarrollando de la obra última de Aleixandre, tanto esta lectura como la de algunos otros críticos con los cuales (siquiera parcialmente) se coincide, habrán de ser entendidas como nuestra paralela aventura hacia el conocimiento, emprendida desde este otro nivel no menos inquietante de lectores.

Así, si respecto a *Poemas de la consumación* pudo hablarse de un escepticismo epistemológico, ahora, en *Diálogos del conocimiento*, nos asomamos a un modo de relativismo gnoseológico-vital —esto es, ejercido desde la vida integral (pues ya no es sólo un hombre «cercano a la muerte» quien desde aquí se pronuncia), y por tanto, no excluidor de ninguno de los imperativos de esa misma vida. Sobre otro enfoque más amplio, pero viniendo a significar exactamente lo mismo, a este relativismo se ha referido también Darío Puccini cuando anota, con absoluto tino, que «el último verdadero descubrimiento del Aleixandre actual parece ser precisa-

3. XIRAU: *Op. cit.*, p. 137.

mente la asimilación de la dualidad, la inclusión de la ambigüedad, la superación de la contradicción dentro de la contradicción, ya a nivel de conocimiento, ya a nivel de concepción, ya a nivel de expresión»[4]. Lo que el poeta ha intentado, evidentemente, es no parcializar aquí, desde una posición subjetiva excluyente como ocurrió en *Poemas de la consumación*, la comprensión total de la realidad y la vida; y se ha dispuesto a abarcar esa comprensión desde un punto de mira multiperspectivista que, en lo gnoseológico, habría de conducir sin quiebras al relativismo.

Y el mismo autor ha tenido, como siempre, una clara conciencia de ello: «Creo que hay aquí, en este libro mío *[Diálogos del conocimiento]*, como raíz última, una visión perspectivista del mundo». Porque la realidad del mundo —y en ello se extiende Aleixandre— es inmensa, inconmensurable y «sólo puede decirse desde la multiplicidad»[5]. La misma ambición —el mismo destino— de totalidad que había asistido al poeta de *La destrucción o el amor* y de *En un vasto dominio*, como título mayores en la historia de ese destino, es quien le ha movido otra vez al componer estos *Diálogos del conocimiento*, sólo que aquí desde una perspectiva desglosada y relativizada más que unitaria o central.

Y sólo también que es ahora el *sentido* de la vida —el sentido que pueda colmar a la tensa conciencia interrogante, no las riesgosas fabricaciones de la intuición o el intelecto— lo que se pretende desvelar y aprehender. No se trata ya, y de esto se partió, de una poesía que, como toda auténtica poesía, desprenda de sí visiones inéditas y profundas de la realidad, sino de una obra que, al lado de ello, se propone a la vez iluminar los distintos ángulos y recorrer los variados caminos por los que el hombre, cada hombre, puede intentar el conocimiento —su conocimiento al menos— de esa realidad.

4. PUCCINI: *Op. cit.*, pp. 288-289.

5. Aleixandre, en entrevista concedida a José Luis Cano: *Triunfo* (Madrid), 16 de marzo de 1974.

Hay también en los *Diálogos* algo más sutil que es necesario destacar. Se dijo ya que en ellos no hay, estructuralmente, una progresiva intercomunicación entre las respectivas propuestas de los así prácticamente sordos interlocutores. Sin embargo, se adivinan en esas propuestas —y no sólo en el muy obvio caso de «Aquel camino de Swan» donde ocurre más un desdoblamiento que un discurso paralelo y polar— unos muy finos vasos comunicantes entre los sendos portadores de las diferentes verdades, o versiones relativas de la verdad. Con mayor claridad: que, por fugaces momentos, vienen esos hablantes parcialmente a coincidir; y tales descubrimientos son unas de las delicias —de las sorpresas— mayores que estos poemas reservan a quien los recorre cuidadosamente. Así, si en «La maja y la vieja», ésta última incorpora genéricamente la actitud de la vida como brillo y dación del yo en los otros, también *Maravillas* (la maja), su opuesto personaje, podrá en algún momento sospechar, más o menos consecuentemente con aquella actitud: *Si deslumbro en los ojos / de otros, vivo* (II, 130). Recuérdese también que la idea del pensamiento puro como nivel que subsume y resuelve la precariedad de la existencial realidad es, como se ha visto, la posición esgrimida por el brujo, en «Sonido de la guerra»; pero también al soldado se le escucha decir, dentro de los meandros intrincados de sus reflexiones, algo que más bien esperásemos de aquél (del brujo): algo como *sólo mi pensamiento vive ahora* (II, 108). Tanto el toro como el torero proclaman, en «Misterio de la muerte del toro», su común asunción de la soledad como única realidad y único destino. Y el mendigo oscila afanosamente entre el creer y el no creer, en disposición por instantes no absolutamente inasimilable a la casi duda sistemática sobre la que el lazarillo ha erigido su vivir (en «El lazarillo y el mendigo»).

En otras palabras: que para un intento de racionalización de las contradicciones, en los personajes de estos *Diálogos*, puede partirse de la opuesta posición ante la vida y la realidad que incorporan esos personajes que tales contradicciones emiten. A veces resulta simple resolver, por ese mecanismo, las contradicciones; y nada chocante hay que, en «Los amantes viejos», *ella*, la crédula y armónica, sostenga que *existir es brillar*, mientras que *él*, el otro hablante escéptico y agónico, replique como un eco invertido: *Quien vive, muere* (II, 117). Pero sólo hay que *partir* de esa dualidad vital entre los personajes, sin confiar en que tal punto de partida explique enteramente las contradicciones —pues no son infrecuentes éstas dentro de un mismo «dialogante». (La única solución posible —y por aquí se insinúa ya la hipótesis que más adelante se arriesgará— habrá de verificarse en un nivel más alto.)

La documentación de este último punto no ha sido exhaustiva, pero bastará para observar que en *Diálogos del conocimiento* se advierte como igualmente dogmática (y extremadamente fiel en esto al multiperspectivismo indicado) incluso cualquier oposición que se alzase como tajante y excluyente. Y sobre esa convicción se va entrelineando esta otra más firme confirmación de la relatividad del conocimiento: no hay verdad absoluta, ni aun dentro de aquél que crea profesar conscientemente la suya y la defienda como tal. Siempre esta verdad subjetiva estaría minada por aquello que la vida opone a la razón, el azar a la conciencia, y donde ese alguien acaso ni se reconocería si tratase de ser consistente o coherente con la hipotética certeza desde donde se pronuncia. Estas incidentales «concesiones» que se deslizan de uno a otro de esos personajes, en los *Diálogos*, dan pie para ver en ellas, y del modo más patente, la marca humana de lo que, en términos de lógica estricta, sólo podría entenderse como flagrante contradicción. Aunque ya forzosamente adelantada tal cuestión en numerosas ocasiones, se hace obligatorio acercarse ahora, de más directo modo, a este significativo aspecto de la poesía última de Aleixandre. (En el capítulo siguiente se combinan, en las ejemplificaciones, pasajes de los dos libros que vamos comentando; por lo cual en la identificación añádense, para distinguir su procedencia cuando sea necesario, las siglas *PC* para *Poemas de la consuma-*

ción y DC para *Diálogos del conocimiento*. Y se omite el número en caracteres romanos que señala el volumen II de las *Obras completas* del autor, por referirse solamente al mismo todas las citas que habrán de aparecer.)

Capítulo VI
Silencio: conocimiento supremo

Conocer es «aprehender» un objeto de la realidad, o más ambiciosamente, una intuición total de la realidad, y trasmutar sólidamente esas percepciones a unos datos de la conciencia. Si ese objeto aprehendido, como sucede en esta poesía última de Aleixandre, es complejo, heterogéneo, plurivalente e irreductible —la vida—, el proceso cognoscitivo hacia él dirigido está destinado a un seguro extravío por un sinfín de laberintos. Y este extravío dimana, esencialmente, de la acción sucesiva y cambiante (también ineludible) de las circunstancias sobre la conciencia que quiere conocer.

En un momento dado, cuando esas circunstancias —fuesen las que fueren— hicieron cernir sobre el poeta una sombría cerrazón de horizontes espirituales, el signo de su búsqueda se orientó marcadamente hacia el escepticismo nihilista que desprenden los *Poemas de la consumación*, como ya se indicó. Después, o paralelamente, al abrirse un claro hacia la apertura y la luz en esos mismos horizontes, si bien no pudo ni tuvo que quedar borrado totalmente aquel escepticismo, el espíritu reclamó el derecho de pronunciarse desde todas sus opciones, y el poeta dio entrada a lo que aquí se ha considerado como un modo de relativismo gnoseológico-vital —es decir, un relativismo postulado desde la vida integral. Es lo que hemos visto que ocurre en *Diálogos del conocimiento*, donde, al salir el autor de los reductos de su conciencia «a solas», ha asociado estrechamente el problema del conocer con el de la actitud —más propiamente de las dos actitudes: afirmativa y negativa— ante la realidad: ha observado las posibles reacciones frente a una y otra (que incluso no rehúsan encontrarse, en el sentido de oponerse, dentro de una *misma* conciencia) y les ha dado a ambas igual carta de crédito. Tal es la dialéctica que, en cuanto a la específica problemática del conocimiento, trazan de uno a otro los dos últimos cuadernos de Aleixandre.

Lo que los une, en cambio, es más importante acaso y, poéticamente, de más incisivas resonancias. Subyace en esos dos cuadernos un solo y mismo planteamiento: el que arman los dos supuestos excluyentes esbozados, resumibles del modo tal vez harto simplista en que lo hemos intentado —*solipsismo* versus *sensorialidad*. O sea, que si bien la orientación mayoritaria se incline en un sentido finalmente nihilista *(Poemas)*, o bien que, por el contrario, se trate de integrar o documentar escrupulosamente esas dos tensiones *(Diálogos)*, la estructura de pensamiento sobre los que ambos se sostienen es siempre de naturaleza dual y contraria. Y para abrazar en un solo impulso —pero obsérvese: *en un solo impulso*— esa dualidad oposicional e irreductible, se impone, como instrumental de conocimiento, el cultivo casi metodológico de la contradicción; esto es, una como decisión, por parte del poeta, de resguardarse voluntariamente en un ámbito al margen de la lógica. Y el resultado de esa decisión es el de crear una sensación de extrañeza, provocada por este voluntarismo alogicista y lapidario que de ningún modo puede equipararse con el intuitivo y frondoso irracionalismo (surrealista o parasurrealista) dominante en la poesía juvenil del autor.

Todos los comentaristas de esta poesía última de Aleixandre han sido sensibles a esa extrañeza. Manuel Durán, por ejemplo, repara que ahora las frases del poeta «become brief, mysterious, contradictory», y sostiene que los *flashes* de iluminación de esos libros «remind me of Heraclitus, of Oriental mystics, of Schopenhauer». Y Carlos Bousoño se ha referido igualmente a una sabiduría «recóndita», «cavernosa», «sibilina» y «misteriosa» —así la califica— que habla a través de este Aleixandre cercano. Y ese mismo tema, el de la alogicidad en estos volúmenes, ha sido señalado y estudiado por Pere Gimferrer ya con mayor especificidad[1].

Las más sistemáticas de esas contradicciones, aunque no las únicas ciertamente, son las que encapsulan, en sentenciosos dichos, una sutil distinción que el idioma español, como el francés, consiente entre las acciones de *conocer y saber;* y cuya clarificación pareciera, a primera vista, serle ahora esencial a Aleixandre por la índole epistemológica misma de su pensamiento poético en este tramo de su obra. Sobre la base de formulaciones como esta: *El hombre duda. El viejo sabe. Sólo el niño conoce* («El cometa», *PC*, 59), y de otras numerosísimas aunque no necesariamente tan paradigmáticas como la anterior, Guillermo Carnero ha querido oportunamente descodificar esa aforística nebulosa dialéctica, y darnos de ella una traducción racional y coherente[2]. En lo esencial de su propuesta, el crítico establece que el poeta emplea *conocer* para implicar el impulso activo y dinámico hacia la verdad, lo cual es atributo de juventud (y por tanto de vida), mientras que se vale de *saber* para designar la posesión de ese conocimiento ya adquirido y sustanciado en haber estático —lo cual es percibido como único don (inútil e irónico, hay que precisar) de la vejez, y que por ello emerge en calidad de sinónimo anticipado de muerte.

No faltan en estos dos libros aleixandrinos momentos, y muy abundantes, en que la perspicaz tesis del crítico se cumple con fidelidad y sobradamente. Sin embargo, la ecuación por él elaborada se nos presenta como nacida del empeño (occidental, digamos) de

1. Para la documentación de estas últimas referencias, véanse: MANUEL DURÁN, «Vicente Aleixandre, Last of the Romantics» (consignado en el Capítulo III, nota 1), pp. 206-207; CARLOS BOUSOÑO, «Las técnicas irracionalistas de Vicente Aleixandre», *Insula*, núms. 374-375 (enero-febrero 1978) p. 5; PERE GIMFERRER, «La poesía última de Vicente Aleixandre», en *Vicente Aleixandre*, ed. José Luis Cano (Madrid: Taurus, 1977), p. 265-273.

2. CARNERO: «"Conocer" y "saber" en *Poemas de la consumación* y *Diálogos del conocimiento*», en *Vicente Aleixandre*, ed. J. L. Cano (libro indicado en la nota anterior), pp. 274-282.

poner orden y luz en lo indistinto y confuso. Porque cabe preguntarse si Aleixandre no transgrede esa misma ecuación en un número de veces que, si se cuentan y no se fuerza su interpretación, difícilmente podrían considerarse como excepcionales. Observemos algunas instancias —sólo unas pocas, por razones de espacio— ilustrativas de esa transgresión. Es cierto que en muchas ocasiones se repite, aquí coincidiendo literalmente con Carnero, que *saber* es igual a *morir;* y éstas serían dos de ellas: *Ignorar es vivir. Saber, morirlo* («Ayer», *PC*, 84) y, casi en los mismos términos: *Conocer es amar. Saber, morir* («Los amantes viejos», *DC*, 121). Mas del otro lado se deslizan variantes de la exactamente opuesta sugestión, de las cuales la más provocativa quizá sería ésta que se lee en «Conocimiento de Rubén Darío»: *Quien vive sabe* (*PC*, 67), registrada por Carnero como ejemplo de un «significado extensivo ocasional» por el que cada uno de los dos verbos *(saber, conocer)* «engloba, junto al significado que le es propio, el del otro» (y así, en esta sentencia, *saber* englobaría a *conocer,* con lo cual lo que se nos quiere sugerir es que «quien vive sabe y conoce» a la vez). Pero ya la aceptación de este «significado extensivo», cuya aparición es más frecuente —o rotunda como aquí— de lo que un uso ocasional pudiera permitir, nos sitúa a la espera de un zigzagueo inminente de contradicciones allí precisamente donde el sentido definitorio de las proposiciones menos pareciera propiciarlo.

Una transgresión más: *Saber es alentar con los ojos abiertos* («Sin fe», *PC*, 49), cuyo predicado —«alentar con los ojos abiertos»—, tan cargado de lucidez y de alto espíritu de vigilia, debía corresponder más bien a *conocer,* puesto *que saber* es, en la «teoría» cumplida en otros casos equivalente de inacción y de muerte. Y esta otra, para cuyo entendimiento como transgresión hay que advertir que, en la hipótesis que aquí vamos comentando, *mirar* se coloca expresamente en la serie «Conocer-Juventud-Vida-Mirar-Experiencia de los sentidos». Ocurre en el poema «Esperas», y dice: *Quien no mira, conoce* (*PC*, 76), donde el abstenerse a la acción de mirar supone una contradicción absoluta a lo implicado en la de conocer. Y aun esta obra, contenida otra vez en «Conocimiento de Rubén Darío», y difícilmente explicable por el mecanismo del significado extensivo propuesto: *Saber es conocer* (*PC*, 67), que ya sin ambages desmorona desde su base la supuesta arquitectura dialéctica sobre estos términos levantada. Y este último enunciado invita a una reflexión marginal, pero que puede ponernos ya en el camino de diferentes conclusiones.

En efecto: saber es, de hecho, el resultado de previamente conocer, de haber (sucesivamente) conocido. Pero si esa sabiduría final, que es suma del conocimiento, adviene al cabo como signo de muerte, el mismo acto de conocer (el vivir conociendo) apunta ya, desde su destino germinal irrevocable, a tal negativo horizonte. En exhaustiva racionalización, tanto *saber* como *conocer* serían a la vez marcas, indicios, hacia la letal inacción de la muerte, que sería a la vez la fuente de la única sabiduría total. Y las contradicciones se desvanecerían. Pero no: las contradicciones están allí, y son innegables. Tal vez se haya advertido —pero no está de más aclararlo— que no se intenta negar que en el poeta estuviese esa impecable distinción entre *conocer* y *saber* que Guillermo Carnero inteligentemente ha visto. Remedando el propio estilo sentencioso y antinómico de Aleixandre en estos libros, diríase que aquella distinción *estuvo pero no está*. O sea: que tal matización afloró como principio un día acaso así vislumbrado; pero que no siempre se cumple sin quiebras en todos los poemas, los cuales recogen la experiencia factual —compleja y contradictoria en sí— de la vida, donde el hombre aprende, si es que algo aprende, que toda objetivación unificadora hacia la verdad se confunde y autodestruye en su mismo impulso. Todo, al cabo, se relativiza. Aún más, hasta aquí: todo se resiste negativamente a amoldarse al rasero nostálgico y tranquilizador de la humana razón.

Incluso se puede, desde nuestra posición de lectores, atribuir a esa voluntad racionalizadora cualquier designio de buscar interpretaciones —por lo demás necesariamente parciales: obrarían sobre cada una de ellas— a estas contradicciones aleixandrinas (y no sólo a las tejidas entre *saber* y *conocer*). Pero igualmente viva se hace la sospecha de que tales interpretaciones, así aisladas, no facilitan el medio más adecuado para la lectura global y en profundidad de estos dos libros. Con mayor claridad: que el efecto final logrado mediante la técnica acumulativa de contradicciones se diluye ciertamente al pretender resolver todas estas, una a una, y traducirlas al nivel de lo claro, lo distinto y lo racional. La formulación de opuestas (y parciales) certezas —del tipo de *Quien muere vive y dura* («Quien hace», *PC*, 89) frente a *Quien vive, muere. Quien murió, aún respira* («Los amantes viejos», *DC*, 17)— al golpearse de modo tan brutal entre sí, lo que consigue es pulverizar esas «verdades», dejándonos una oscura desazón gnoseológica en calidad de última sugerencia. Y hay que intentar *sentir* lo que esta sugerencia en su unidad nos diga, más que desbrozar lenta y particularmente los múltiples enunciados reflexivos —lo cual quizás podría conducirnos a resultados aún más confusos y laberínticos.

Repárese, con ese objeto, en la sugestión última que puede desprenderse de estos versos: *Obtener lo que obtienes es palabra baldía. / Es lo mismo y distinto* («Algo cruza», *PC*, 71), que pueden darnos la clave última del por qué, en el poeta, de esa sistemática despreocupación suya por tender algún hilo nítidamente racional —el verbo férreamente conductor de ideaciones e intuiciones— que nos brinde algún apoyo en estos suelos movedizos sobre los que estamos siempre a punto de caer. La segunda parte de esta declaración —*es lo mismo y distinto*— nos invita, en un primer calado reflexivo, a tratar de ahondar algo más en este alogicismo tan impunemente exhibido. No es, como desde *La destrucción o el amor* se nos dijo y ya se vio, que todo sea «uno y lo mismo», en intuición que ponía su énfasis en la identidad cósmico-ontológica y no en la exclusión racional. Entonces, aquella identificación absoluta dejaba como saldo muy positivas resonancias en el ánimo. Ahora, entre «lo mismo» y «lo distinto», conceptos por definición racionalmente inconjugables, sólo puede concebirse una alógica e inquietante sustancia común que los englobe y resuelva. La intuición puede colmar cabalmente su apetito de conocimiento con la utopía de la unidad, y por eso aquella vastísima identidad cósmica se ofrecía allí como un modo de conocimiento total. Pero ni la intuición, ni mucho menos la razón, pueden moverse satisfactoriamente ante la presunción de que ambos, la unidad y la diferencia («lo mismo» y «lo distinto»), así frontalmente confrontados y no «confundidos», puedan unirse copulativamente, que es lo que aquí se propone.

Pero aún hay más en estos dos versos. Cualquier esfuerzo del hombre —hacia el vivir, hacia el conocimiento—, y aunque triunfante *(obtener lo que obtienes),* si juzgados por la razón, da de sí sólo una *palabra baldía:* condenación, y del más turbador efecto, tanto de aquel empeño como del lenguaje que lo expresa. No queda otra ley que asentir sino la de la alogicidad. Porque ésta, la alogicidad, abona el terreno donde se inscribirá el discurso del absurdo y la insensatez, de lo indistinto y neblinoso, de lo uno copulado con lo diferente para escándalo de la razón —de nuestra razón occidental, no ciertamente del pensamiento oriental —que lo juzgará como inútil movimiento. Y ese discurso termina erigiéndose —pero en su totalidad, sin necesidad de descender a cada uno de sus eslabones— como metáfora del sinsentido de la vida, y de la consecuente imposibilidad de un conocimiento racional y único. El teatro del absurdo, en nuestro siglo, ha conocido y practicado hasta la saciedad estos mecanismos. Y el contacto con el pensamiento oriental, rápidamente sugerido arriba a propósito de este último Aleixandre, no puede pasar de una incidental acotación. En ese pensamiento, como es sabido, *esto* puede ser sencillamente *aquello, y* la naturalidad de esta ecuación elimina ya de entrada la contradicción. Ejecutar tal ecuación, identificar lo uno con lo distinto, no comporta allí peligro alguno, ni supone un final llamado a ninguna condenación. Y no sucede así, como se ha podido apreciar, en este mundo poético aleixandrino, donde todo ello va sellado, en una primera instancia, por la marca del desconocimiento, la impotencia y el dolor.

Pero se hace preciso destacar que ese balance negativo de esterilidad, esa *palabra baldía* hacia el que todo esfuerzo humano confluye, sólo opera así en primera instancia, como justamente se acaba de hacer notar. Porque tal negatividad, trasladando intuiciones de la mística a lenguaje epistemológico, corresponde aún a una vía purgativa del sujeto cognoscente, a una simbólica noche de los sentidos que vale aquí igual a una noche de la conciencia. Porque lo que en definitiva ocurre en estos poemas, y por aquí se avista ya el rebasamiento de este primer estadio nocturno y negador, es que, al denunciar la impotencia de la palabra mediante esa velocísima y nerviosa precipitación de proposiciones alógicas y de arduas contradicciones, quede proferida la virtud y necesidad de una luz última, la del silencio, como nivel supremo del conocimiento. Pues ese silencio abisal pero luminoso brota, en fin de cuentas, de la paradoja, tal como la describiera Kierkegaard, aspecto en que tenemos imperativamente que profundizar.

La paradoja, cuando sometida sólo al examen de la mente, no es más que la violentación más o menos agreste de los dictados de la lógica, y por tanto, resulta «interpretable», si bien por inversión, en términos igual y últimamente lógicos. Es decir, que aquellas paradojas a que remiten las contradicciones sintéticas y sentenciosas de Aleixandre en estos libros, son susceptibles siempre, después de un mayor o menor esfuerzo, de una traducción conceptual aproximada. Pero la suma de todas las paradojas aleixandrinas acaban por configurar una paradoja central: *la* paradoja global, total, unitaria, para la que el poeta ha encontrado cientos de formulaciones. Y cabe presentir que importa menos luchar a brazo partido y analíticamente, como ya se sugirió, para clarificar cada una de esas formulaciones, que intentar dirigirse al sentido y la urgencia —el origen— de aquella paradoja primera, comprensiva, nutricia y pluriferante.

Y para ello hay que subir a un más elevado punto de mira: hay que ascender al «monte Carmelo» del espíritu, más allá de la razón y de las débiles palabras. Sólo al espíritu —y en ello consiste, según Max Scheler, su poder creador y su alcance mayores— le cabe la capacidad de objetivación: el espíritu ahonda y sobrepasa, trascendiéndola, la inmediatez de lo suelto y disperso, apresando lo múltiple en su absoluto sentido único y, para decirlo ya sin medias tintas, metafísico.

La materia contemplada por Aleixandre en estos poemas no es otra cosa que la realidad o, mejor aún, la vida misma; su objetivo profundo, sin embargo, es penetrarla, en el sentido de *conocerla*, en la posible unicidad que la vida encierra y la cual satisfaciese sin fallos la inquisitiva apetencia totalizadora del hombre. Y ese objetivo de penetración última bordea lo eterno (no importa que la respuesta entrevista comporte la más abrumadora negación de la eternidad), pues el hecho mismo de habérselo propuesto denuncia la más aguda insuficiencia respecto a lo limitado y oscuro de la existencia temporal (y respecto a los datos con que la conciencia y el lenguaje devuelven tal limitación). Esa intencionalidad cognoscitiva total bordea lo metafísico, pero traspasar esta frontera es sólo ensayable con un instrumento —la palabra— por demás *humano, demasiado humano*, como ya bien y genéricamente viera Nietzche. Y aquí adviene la iluminación ejemplar de Kierkegaard, para quien cuando en el pensador subjetivo ocurre el encuentro de la palabra con lo eterno —con su intuición, vislumbre, o siquiera su necesidad— le sobreviene, sin posibilidad evasiva alguna, el imperio abrupto y sobrecogedor de la paradoja: «esa chispa que brota al roce de lo eterno con el lenguaje, los efectos de cuyo choque son indecibles»[3]. No es otra aquella paradoja primera, intui-

3. SOREN KIERKEGAARD: *Post-Scriptum aux Miettes Philosophiques*, trad. al francés de P. Petit (París: Gallimard, 1941), p. 135.

cional y unitaria a la que antes se aludió, nacida así de esa voluntad de formular verdades metafísicas que sólo desde una perspectiva «eterna» (es decir, rebasadoras de la humano-temporal) podrían ser pronunciables. Wittgenstein se ha preocupado también de este dramático dilema y, con toda razón, lo han acercado al Aleixandre último tanto Gimferrer como Dario Puccini en sus respectivos estudios.

Indagar mediante la frágil palabra en el conocimiento último supone, pues, una colisión con lo secreto y trascendente. Y tal fatalidad puede corporizarse —y por eso Aleixandre la emplea sostenidamente aquí— en esa extremada figura voluntaria del lenguaje que lleva en sí su propia negación: la paradoja. Y ésta se despliega, en *Poemas de la consumación* y *Diálogos del conocimiento*, a lo largo de toda una gran variedad de fórmulas contradictorias que, aun factibles de ser detectadas y «explicadas» en el nivel léxico, lo que hacen en verdad es componer entre todas uno de los rostros, acaso el más volitivo, de ese chispazo de lo indecible, a pesar de la carga verbal a veces tan densa de lo dicho. La paradoja dice y desmiente, se anula en sí misma, pero nos deja *un no sé qué* de afilada y nerviosa sugestión. Importa más por esa semántica marginalidad connotativa suya (y su connotación no es otra que la del silencio que a su través nos habla), y la cual es de mucha mayor riqueza que su arbitraria denotación auto-anuladora. De modo que lo que comienza por ser una transgresión racional culmina en una señal positiva hacia lo absoluto: la aparente oquedad conceptual de la paradoja no será ya vacío sino inquietud, dinamismo y ensanchamiento. Porque al cabo la paradoja, más que cualquier otra figura del lenguaje, cala incisivamente a través de la carne semántica de la palabra hasta dejarnos ver, diamantina, la almendra de silencio —la cual no es mutismo ni mudez, advierte Ramón Xirau— que en aquella habita. Porque «el único silencio —precisa Xirau— que da sentido a las palabras y que, a su vez, adquiere sentido gracias a las palabras y en ellas, es el que nace y vive con las palabras. El silencio esencial es el que está en la palabra misma como en su residencia, como en su morada; es el silencio que expresa: el silencio que, dicho, entredicho, visto, entrevisto, constituye nuestro hablar esencial»[4].

Este silencio creado y creador del lenguaje, habitador de su reino, es el que en definitiva interesa destacar en la poesía última de Aleixandre. Pero debe observarse que también lo nombra literalmente, haciendo instalar de modo explícito su sugerencia —como ya vimos desde *Ambito* y *Pasión de la tierra*— en el centro mismo del poema, y desde allí rigiéndolo. Así, quien hacia el pasado contempla la vida *sólo ve un silencio* («Ayer», *PC*, 84). Y el apocalipsis de la existencia, con gran vigor imaginativo recreado en otra pieza. «Si alguien me hubiera dicho», queda resumido así: *Suena la espuma igual, sólo a silencio* (*PC*, 60). También el advenimiento ciego del niño, del hijo, al mundo, en «La sombra», es interpretado como *sombra que atraca / en la no/che. Un silencio* (*DC*, 215). Sobre la base de estos tres ejemplos, puede verificarse cómo la mirada escéptica —sabia— del poeta, al representar el vivir todo —el nacer, su desarrollo, la muerte— salta por encima de figuraciones simbólicas más «elocuentes» para reducir toda aquellas instancias del existir al denominador común de un silencio entrañadamente asumido. Y no se olvide que en «Las palabras del poeta», la poesía es captada también en su destino último de silencio: *Unas palabras / deshechas, como el eco o la luz que muere allá en gran noche* (*PC*, 33).

Por eso no es de extrañar que muchos poemas incluyan, en aquel instante cuando el lenguaje pareciera hacerse insuficiente, la voluntaria decisión de *callar,* así expresamente incorporada a la materia textual. Jaime Ferrán ha observado que en algún momento de estos volúmenes de Aleixandre —momento que según el crítico se situaría en la segunda parte de *Poemas de la consumación,* aunque podría decirse que tal conciencia emerge desde su mismo

4. XIRAU: *Palabra y silencio* (México: Siglo XXI Editores, 1971). p. 146.

principio— «el poeta es consciente de la ruptura de su discurso», y cómo desde entonces la acción central es la implicada en el verbo *callar*[5]. Y Ferrán documenta adecuadamente su observación con una larga lista ejemplificativa de tal decisión, de la cual se extraen aquí algunas ilustraciones significativas: *Nadie vive. Telón que el viento mueve / sin existir. Y callo* («El pasado: "Villa pura"» *PC*, 41); *Quien calla ya ha vivido* («Conocimiento de Rubén Darío», *PC*, 66); *Pero los muertos callan con más justos silencios* («Si alguien me hubiera dicho», *PC*, 60); *Callado el corazón, mudos los ojos, / tu pensamiento lento se deshace / en el aire...* («Pensamientos finales», *PC*, 99); *Está y no estuvo, pero estuvo y calla* («El olvido,» *PC*, 100). Y al documentar esta presencia del callar y del silencio en la poesía final de Aleixandre, tiene el citado crítico que volverse a aquella composición de *Nacimiento último* titulada «El moribundo», que en su momento hubimos de destacar pulcramente, para recordar con exactitud cómo en ese poema «tenemos una primera formulación del último silencio, preñado de total conocimiento, que da el final de la vida».

Pero hay otro silencio —más agudo, más sutil, más fecundo—, y éste ya nos provee el ápice de esa ascensión hacia el conocimiento que estos libros últimos de Aleixandre entregan. No se trata ya, como en los ejemplos que acaban de verse, del silencio necesariamente nombrado, sino del construido o armado con los pobres materiales mismos de la escritura: un silencio que surge del chispeante resplandor de la palabra viva en su encuentro con lo eterno sondable, palabra que resulta así escrita y borrada a la vez en virtud de ese imperio abrupto de la inescapable paradoja. A este silencio se ha referido, muy específicamente, Pere Gimferrer: «... me parece innegable que el último Aleixandre, y en particular el de *Diálogos del conocimiento*, se propone hablar, precisamente, de aquello que se resiste a ser nombrado. De ahí esta esgrima ininte-

5. FERRÁN: art. cit. (véase Cap. V, nota 2), p. 161.

rrumpida de enmascaramientos y desenmascaramientos verbales, de proposiciones que, imposibles en el plano de los hechos objetivos, existen sólo en el poder de las palabras, son puros entes del lenguaje, y crean un tumulto que equivale al silencio y lo suscita»[6]. Si bien nuestra posición es que no todas esas proposiciones son «imposibles en el plano de los hechos objetivos» (individualizadas, ya se dijo, son en general perfectamente asentibles por la razón, o al menos traducibles a ella), lo cierto es que su entrechocar contradictorio en aluvión despierta ante quien lee la sensación de encontrarse frente a un tumulto: lo que al fin le queda en sus manos es, sin embargo, un poco de silencio.

«La poesía hace lo que dice», sentenció alguna vez Pedro Salinas. Aleixandre *hace* el silencio, no lo *dice* y repite machaconamente —nuevo *slogan* literario de los tiempos—. Esto es: borra lo que escribe, pero no hace un guiño malicioso al lector para que éste le sorprenda (y le aplauda) en el justo momento cuando tal hace, con el objeto de que ese lector sepa entonces que también él, Aleixandre, es un poeta «moderno». Más bien se limita, en gesto sabio, a invitarnos a intuir lo borrado, lo que hay que borrar, en tanto que se le siente respetar —y amar— la palabra tensa e intensa con que traza a la vez el discurso y su reverso. Protagonista mayor de la modernidad en la poesía hispánica —desde los tiempos fecundos de *Pasión de la tierra, Espadas como labios* y *La destrucción o el amor*—, no tiene por ello que afanarse en prodigar desde el verso tópicos y muletillas de un aprendido —y ya cansino— «código» de modernidad. (Y vaya, entre paréntesis, una posible definición más de un auténtico poeta mayor: aquél que pertenece profundamente a su tiempo, pero que se muestra inmune a los *tics* de ese tiempo.)

---

6. GIMFERRER: art. cit. (véase nota 1 de este capítulo, p. 267). Inteligentes observaciones sobre la dialéctica —o mejor, interrelación activa— entre el hablar y el callar entre la elocuencia y el silencio pueden encontrarse también en el ensayo de ARTURO DEL VILLAR: «Conocimiento y existencia en el último Aleixandre», *Insula* (número citado en la nota 1 de este capítulo). pp. 14 y 16.

Y desde el silencio nos habla esta sabiduría recóndita del último Aleixandre. Toda su poesía primera, y aquí en cierto modo hasta *Sombra del paraíso* inclusive, apelaba mayormente a la sensorialidad, a los sentidos corporales. Y de la siguiente, *Historia del corazón* llamaba a esos otros sentidos del alma que vibran en la emoción y los sentimientos del hombre; y *En un vasto dominio* a los sentidos aún más interiores del entendimiento racional. Pero ese proceso de interiorización puede avanzar todavía mucho más, pues ya lo auguró tempranamente Góngora: *Otro instrumento es quien tira / de los sentidos mejores*. Aleixandre —y estamos por ello ante su poesía de mayor espiritualidad— escribe ahora para esos «sentidos mayores» del espíritu, que son los únicos capaces de captar «esa zona— en palabras de Andrés Sánchez Robayna a propósito de estos libros aleixandrinos— en la que, una vez cruzado el lenguaje, el silencio es una síntesis, el tejido de un *saber* otro, que se tiende como un conocimiento que nada sabe»[7].

Un saber otro: esto es, más allá de los límites de la palabra y de la pobreza de la razón. Un saber que, y no necesariamente con frustración, es un no-saber de insondables dimensiones, igualmente oscuro y luminoso en un mismo grado de intensidad y lucidez. Desde sus lejanos fondos medievales ya lo vislumbró el místico maestro Eckhart, cuando confiaba en que «la más alta forma de conocer y el ver es el conocer y el ver, el desconocer y el no ver». Y he aquí, por fin, el salto final en esta poesía a la vía unitiva, a la unión con el silencio donde impera ese saber y ese no-saber que es ya posesión definitiva y suprema. Y no es casual acudir entonces a intuiciones de la mística. Porque ante esta coda última de la obra aleixandrina, que apura nerviosamente y hasta el máximo sus propias cogitaciones, vendrá muy bien recordar aquella aguda observación de Albert Schweitzer: «Todo pensamiento que es pensado hasta el final termina en la mística».

7. SÁNCHEZ ROBAYNA: «Borde final, conocimiento», *Insula* (número cit. anteriormente), p. 7.

De modo que el acorde que queda resonando en estos libros, si grave en verdad, no es tan negativo como de nuestra más demorada descripción de aquella primera etapa purgativa se pudiera haber sospechado. En un momento de caída moral de la mayor grandeza —el que corresponde a *Poemas de la consumación*, donde se escuchó al poeta sólo investido de *dolor, soledad y olvido:* recuérdese aquel terrible testimonio que es «Si alguien me hubiera dicho»—, pareció cederse a un obligado nihilismo epistemológico, correlato del más hondo vacío existencial: no sin razón el autor considera ese libro como uno de los más «trágicos» de los suyos. Mas ya se vio también cómo en los *Diálogos del conocimiento* hubo de levantarse sobre sí mismo y plantearse el problema del conocer desde la comprehensión integradora de la dual (de la plural) realidad, en una voluntad de incluir también el costado positivo de tales empeños. Se trata de un ademán que entraña una superación, siquiera parcial, de aquel nihilismo. Y bastaría invocar un verso del poema final de los *Diálogos* («Quien baila se consuma»), cuando el bailarín, que encarna la asumida plenitud de la existencia, pronuncia en su última intervención este designio fragante y auroral: *Con la rosa en la mano adelanto mi vida* (*DC*, 255).

Y el poeta concluyó, y tal se desprendería de una aproximación primera a estos *Diálogos*, que si el conocimiento no es posible como absoluto humano, sí lo es en un sentido de urgencia personal. Pero nunca pontificó ni aun en este sentido: relativizó la verdad y dejó allí, palpitantes, las formas variadas y hasta opuestas de esa múltiple verdad. Y ni tampoco cejó en su cuestionamiento implacable, no ya sólo de la realidad, sino del precario instrumento —la palabra humana— que intenta conocerla y expresarla. Y por aquí, como se ha ido viendo, sí asoma la lectura final, la lectura más secreta de este Aleixandre cercano. Cuando el poeta se sintió atrapado en el callejón sin salida de la flaca razón y del lenguaje insuficiente —derrota previsible desde siempre— sacó fuerzas de esa flaqueza y se desentendió de tales debilidades e insuficiencias (más: las violentó y barrenó desde una alogicidad voluntariamente asumida) y se rebeló contra su servidumbre. Como poeta no pudo sino seguir situado *en* las palabras, pero alcanzó a instalarse también *más allá* de ellas; y aupóse a esa forma más alta del conocer que es «el desconocer y el no ver», que es el silencio. Y con la misma tenacidad con que trenzaba las palabras, iba hendiendo en ellas, y dejándonos verlas, sus fisuras más hondas: esa fisura del silencio donde sólo la verdadera sabiduría sabe escuchar la más plena elocuencia.

Si en los años juveniles —y ya para resumir— presintió Aleixandre en la comunión cósmica una forma ambiciosa del conocimiento total, y si en la edad madura experimentó la necesidad de conocerse a sí mismo en el reconocimiento solidario con los otros, al final la sabiduría interior de la vejez le ha llevado a intuir en esa elocuencia arcana del silencio una vía de acceso al conocimiento supremo —que nunca es quietismo o pasividad, sino tensión, desgarramiento, misterio. Y allí queda, dejando oír las voces de su oscura pero fértil palabra poética. De una palabra cuyo destino, como el de todo lenguaje, es el contrapunto entre su vigencia y su acallamiento, entre —volviéndonos a algo ya dicho— el discurso y su reverso. Fe en el decir y fe en el callar, una cara y otra de la misma moneda pues el silencio no es nada, para el hombre, sin la palabra donde habita. Así lo estampó en «Los amantes viejos»: *Calla. Quien habla escucha. Y quien calló ya ha hablado* (*DC*, 121). Y acaso más sugeridoramente en «Conocimiento de Rubén Darío»: *El que algo dice dice todo, y quien / calla está hablando* (*PC*, 67).

* * *

Final de la aventura, que en cada una de sus fases naciera de la estación vital correlativa. Y sea ésta, tal vez, la única ética implícita, no expuesta, que de ella hoy derivamos: Que cada hombre, concorde paralelamente a esas etapas —o a las de su trayectoria personal propia—, mire al mundo de la creación, o mire al mundo del otro y de los otros, o mire hacia los fondos últimos de su propia conciencia. Que mire siempre —mirar es preguntar y es vivir— para que así se mueva, basta que se mueva, hacia alguna forma de verdad, no importa lo limitada o relativa que ella fuere. Que no le importe el desaliento. Ni que tema muchísimo menos, pues es la conquista mayor, resguardarse (callada, *sagement*) en el silencio, esa morada activa de la más honda sabiduría.

En conclusión: el enunciado *pasión del conocimiento*, de donde se inició nuestro recorrido, no implica en Vicente Aleixandre una exaltación ciega del improbable o cuando más relativo conocimiento. Subraya y acentúa más bien, y de aquí su humana grandeza, un gesto enérgicamente afirmativo sobre el primer término de esa ecuación, que es a la larga el más importante: la pasión, esa pasión hacia el conocimiento por la que el hombre puede alzarse a su más alta dignidad.

ÍNDICE

Esta edición de *Vicente Aleixandre,*
una aventura hacia el conocimiento,
volumen 20 de la colección
Los cuatro vientos, se acabó
de imprimir el día
6 de octubre
de 1998
•